손금과 적성

손으로 만나는 가능성

손으로 만나는 가능성

손금과 적성

양성모 · 김기승 지음

다산글방

책을 펴내며

　세상 사람들은 지금 이 시대를 일컬어 빅데이터의 시대라고 한다. 컴퓨터와 통신의 발달로 전 세계가 하나로 통합되어 그야말로 지구촌 시대가 되었다. 첨단과학이 발달하고, 인간이 생명을 복제해낼 수 있는 시대가 되었지만 그래도 인류의 이성은 미래의 불안감을 해소하기 위한 방안으로 늘 운명술을 멀리하지 않았으며 지금도 우리 옆 가까이서 함께하고 있다.

　서점의 역학서적 코너에 가보면, 많은 사람들이 수상과 관상, 그리고 명리학에 관련된 서적들을 찾아보고 자신의 상황과 비교해 보느라 골똘해져 있는 것을 보게 된다. 옆에서 보면 매우 진지하기도 하고, 때론 심각하기까지 하다. 그렇게 바라보며 관찰하는 동안 그 사람의 상태를 알게 된다.
　그렇게 관상과 수상은 살펴보고 관찰하면서 인간의 생각하는 능력으로 직관하여 결과를 예측하게 되는 것이다. 그중에서도 수상(손금)은 모든 운명술의 부귀빈천과 길흉의 예측을 맞추거나 따져보는 역할과는 다르다. 즉, 의식주부터 모든 것을 조종하고 창조하는 역할은 알고 보면 모두 다 손이 하고 있다.
　의사도 같은 조건에서 손재주가 좋아 수술을 잘하는 사람이 명의로 소문나는 것을 볼 수 있다. 또 유명한 요리사도 결국 손재주에서 판가름난다고 해도 과언이 아니다. 그렇듯이 손재주는 한 사람의 미래진로를 결정지을 수도 있다. 그렇기에 수상手相은 새로운 시각의 과학적 연구가 적극적으로 필요하다. 왜냐하면 한 사람의 수상과 손금에는 매우 정확하고 세밀하게 개인의 건강운, 연애운, 금전운, 인간관계 등뿐만 아니라 성격, 직업적성과 같은 개인의 재능에 관한 정보가 고스란히 담겨 있기 때문이다.

사람이 만물의 영장이 될 수 있었던 것은 바로 다른 생명체들에게는 없는 훌륭한 손이 있었기 때문이다. 인류는 두뇌로 문화를 창조하고 손으로 문명을 발전시켰다. 인간의 대뇌신경의 70%는 손과 연결되어 있다. 그래서 신경과학자들은 손을 제 2의 뇌라고도 한다.

손의 모양에 따른 기질과 손가락의 길이에 따른 특성, 또 손바닥 구丘의 발달 상태에 따른 에너지의 상태, 손금의 모양에 따른 세부적 성질과 심리 상태 등에 따라 사람의 재능과 적성이 다르게 발현되고 또 그에 따라 생활의 모습과 직업이 달라지게 되고 결국 운명의 행불행이 달라지게 되는 것이다.

예컨대 수상은 먼저 손의 모양과 형태를 살펴야 한다. 다음으로 손의 색깔과 탄력을 살펴보고, 손가락의 모양을 주의 깊게 관찰하여야 한다. 그 다음 마지막으로 손금을 관찰해야 한다. 그리고 전체의 균형과 선의 형태, 모양 등을 종합적으로 분석하게 되면 한 사람의 운명선상에서 나타나는 사안들을 예측하게 된다. 그리고 무엇보다 개인의 선천적인 재능과 적성이 분명하게 나타나 있는 신비스러운 경험을 하게 될 것이다.

필자들은 개인의 고유성인 사주를 통하여 선천적 재능 찾기를 오래도록 연구해오며 사람의 타고난 손금에서도 신비스런 선천재능과 적성이 있음을 확인하고 실증하게 되었던 바 그 축적된 연구 결과를 정리하여 이 책 〈손금과 적성〉을 출간하게 되었다.

이 책을 읽는 독자분들에게 미래를 열어가는 하나의 지침서가 되고, 미래를 열어나가야 하는 수많은 젊은이들에게 손쉬운 방향키가 되길 바라는 마음이다. 나아가 진로 앞에서 고민하는 모든 사람들에게 한번쯤은 진지하게 자신의 손금을 들여다보며 이 책에서 주는 희망의 손금 길을 따라나서길 바란다. 그 길이 웃지 못했던 길에서 웃는 길로 가는 지름길이길 바라며 말이다.

공동저자들의 관계는 사제지간이다. 먼저 나의 유일한 스승이신 김기승 교수님께서 손금과 타고난 선천적성을 연계할 수 있는 새로운 패러다임의 길을 터주셨다. 그리고 이 책이 나올 수 있도록 지도해주시는 동안 부단히 노력하였으나 부족한 점이 없지 않을 것이니 독자여러분들의 의견을 겸손하게 듣고자 한다.

끝으로 미래를 열어가는 힘은 비판을 두려워하지 않는 창조적인 생각과 행동인 것에 동의하면서 펜을 놓는다.

2015년 여름
양성모 · 김기승

차례

손이란 무엇인가?　　　013
1. 인류의 진화를 주도한 손 | 16
2. 손을 사용하는 것은 지능의 원천 | 17
3. 손과 인류의 미래 | 18
4. 손과 수명의 관계 | 19

수상학이란?　　　021
1. 수상학의 기원 | 23
2. 동서양의 수상학 | 24
3. 손과 운명 | 25
4. 수상을 보는 법 | 31

손의 유형에 따른 적성　　　033
1. 손의 모양에 따른 분류와 적성 | 35
2. 손바닥의 색깔에 따른 특성 | 48
3. 손의 피부살결에 따른 성격과 적성 | 50
4. 손바닥의 두께에 따른 특성 | 51
5. 손의 크기에 따른 특성 | 52
6. 손의 털의 상태 | 53

손가락에 따른 기질과 적성　　　059
1. 손의 세 부분 | 64
2. 손가락에 따른 기질과 적성 | 65
3. 손가락의 관절마디에 따른 특성 | 75
4. 엄지손가락의 유형에 따른 특성 | 75
5. 손가락과 육친관계 | 78

구(丘)에 따른 기질과 속성　　　　　079
1. 구(丘=언덕)의 의미 | 81
2. 각 구(丘)의 특징적 의미 | 81
3. 각 구(丘)의 구체적 기질과 직업적성 | 84

손톱에 따른 특성　　　　　091
1. 손톱이란? | 93　　　　2. 손톱모양에 따른 성격 | 94
3. 손톱과 건강 | 95　　　4. 손톱의 모양 | 100

삼대선에 따른 특징　　　　　101
1. 생명선 | 103　　　　2. 두뇌선 | 123
3. 감정선 | 140

2순위선　　　　　159
1. 운명선 | 165　　　　2. 태양선 | 179
3. 건강선 | 190　　　　4. 결혼선 | 194
5. 금성대 | 207　　　　6. 수경선 | 211
7. 기타 특수 부호선 | 215

각종 지선 및 기호와 유년법　　　　　223
1. 각종 지선 | 225
2. 손바닥의 여러 가지 무늬 | 229
3. 유년을 보는법 | 232

10 손금을 보는 순서와 방법 　　　　　　　　235

1. 손금의 변화 |237
2. 왼손과 오른손에 따른 차이 |237
3. 손금을 보는 기본적 방법과 순서 |239
4. 수상학의 사회적 활용가치 |242
5. 손으로 구분하는 사회성과 적응능력(격국) |242

11 손으로 보는 성격 적성 검사 　　　　　　　　247

1. 음양의 구분에 따른 특성 |249
2. 수상에 의한 성격검사 방법 |252
3. 손금에 의한 개별 직무적합도 검사 |270
4. 손동작과 태도에 따른 특성 |275

12 손금에 따른 직업적성 　　　　　　　　279

1. 두뇌선 방향에 따른 직업적성 |281
2. 두뇌선 유형에 따른 리더십과 직업적성 |282
3. 두뇌선의 지선에 따른 특성 |283
4. 운명선에 따른 직업적성 |284
5. 손바닥의 잔주름에 따른 적성분류 |285

13 손금에 따른 성격적 특성 　　　　　　　　287

1. 행동파 유형의 손금 |289
2. 대범하고 시원시원한 유형의 손금 |290
3. 인내심이 부족한 유형의 손금 |291
4. 감수성이 섬세한 유형의 손금 |292
5. 노력형, 현시형, 인기형, 총애형, 유머형 |292

6. 영감이 강한 사람의 손금 | 294
7. 출세형, 재물형, 이중생활형의 손금 | 295
8. 운명선의 모양에 따른 특성 | 296
9. 손금으로 운세를 파악하는 방법 | 297
10. 행운을 나타내는 손톱의 흰점 | 298
11. 손의 형태에 따른 운명적 특성 | 299

14　손금에 따른 결혼과 연애운　　　301

1. 행운을 나타내는 선 | 303
2. 연애운을 알 수 있는 선들 | 304
3. 인상선과 애정운 | 305
4. 생명선 안쪽의 짧은 단선 | 306
5. 결혼시기를 나타내는 선 | 307
6. 행복한 결혼을 나타내는 선 | 308
7. 삼각관계, 불륜, 이혼을 나타내는 손금 | 309
8. 결혼 후의 행불행의 판단 | 310
9. 애정관계가 복잡한 손금 | 311
10. 애인이 생기는 표시의 손금 | 312
11. 손금으로 보는 연애 스타일 | 313
12. 중혼을 하게 되는 손금 | 314
13. 원만한 결혼생활을 나타내는 손금 | 315

15　손 건강법　　　317

1. 손금과 건강 | 319
2. 손은 인체의 축소판이다 | 329
3. 손이 건강한 사람이 머리도 좋다 | 330
4. 손이 따듯하면 건강하다 | 331
5. 손마사지를 통한 건강관리법 | 332

손이란 무엇인가?

손은 팔꿈치 아래의 팔과 손바닥, 그리고 다섯 개의 손가락으로 이루어져 있으며 피부와 피하지방, 근육과 뼈로 이루어진 신체기관이다. 물건을 쥐거나 잡거나 던질 때는 손의 근육이 움직인다. 그래서 손은 운동기관이라고 볼 수 있다.

우리가 손을 자유롭게 쓸 수 있는 것은, 뇌가 외부의 정보를 받아들여서 분석·가공한 후 신경에 명령을 내리면 신경이 손과 뇌 사이에서 근육을 수축과 이완시키기 때문이다.

그런데 손은 뇌의 명령을 수행하는 운동기관일 뿐만 아니라 뇌에 가장 많은 정보를 제공하는 감각기관이기도 하다. 손은 뇌에서 만들어진 생각을 실행하는 기관이지만, 반대로 손을 사용함으로써 새로운 생각이 만들어지기도 한다. 손을 움직이거나 손으로 외부의 자극을 받아들일 때 뇌는 활성화된다. 손을 사용하면 전두엽에 자극이 가해진다.

'구보타식 교육법'으로 유명한 일본의 대표적인 뇌과학자인 구보타 기소우 박사는 "손은 인간의 두뇌 진화에 결정적인 영향을 미쳤고, 손을 사용함으로써 두뇌를 자극해 머리가 좋아진다"고 주장하였다. 인간의 지능과 운동중추는 전두엽이 관장하는데, 전두엽은 뇌의 핵심적인 역할을 하는 부위로 손가락을 움직이는 등 미세한 운동을 통해 활성화된다.

또한 독일의 철학자 칸트는 손을 사용하는 것은 결국에는 뇌를 사용하는 것이기 때문에 '손은 바깥으로 드러난 또 하나의 두뇌'라고 표현하였다.

1. 인류의 진화를 주도한 손

인간의 대뇌와 신체 각 부위의 반응 관계를 나타낸 '펜필드의 소인'을 보면 손이 인체의 어느 기관보다 가장 큰 것을 알 수 있다. 대뇌에서 손과 관련된 부위의 비중이 가장 크므로 손과 두뇌는 아주 밀접한 관계가 있는 것이다.

손과 두뇌의 이러한 작용관계는 인류의 진화 과정에서도 큰 역할을 했다. 손은 운동기관이기 이전에 예민한 감각기관이기 때문에, 인간은 손으로 나무나 돌 등 사물을 만지는 과정을 통해 점차 두뇌가 활성화되었을 것이고, 이 과정에서 우연히 그것을 도구로 사용하는 '창조성'이 발현되었을 것이다.

1963년 탄자니아의 올두바이 조지 계곡에서 발견된 사람 화석인 호모 하빌리스[Homo habilis=handy man]는 엄지손가락을 제외한 네 손가락은 나무타기와 매달려 있기에 적합하였고, 손가락의 관절들은 도구를 사용하기에 적합한 형태였다. 이 호모 하빌리스 이후 원시 인류의 뇌 용적은 크게 증가했다.

손을 사용하면 두뇌가 활성화되고 그 과정에서 창조성이 발현된다. 동물원의 침팬지들은 막대기를 가지고 놀다가 우연히 새로운 용도를 창출한다. 이와 같은 과정을 통하여 원시 영장류의 한 종류였던 인류는 지금과 같은 형태로 극적인 진화를 하게 되었을 것이다.

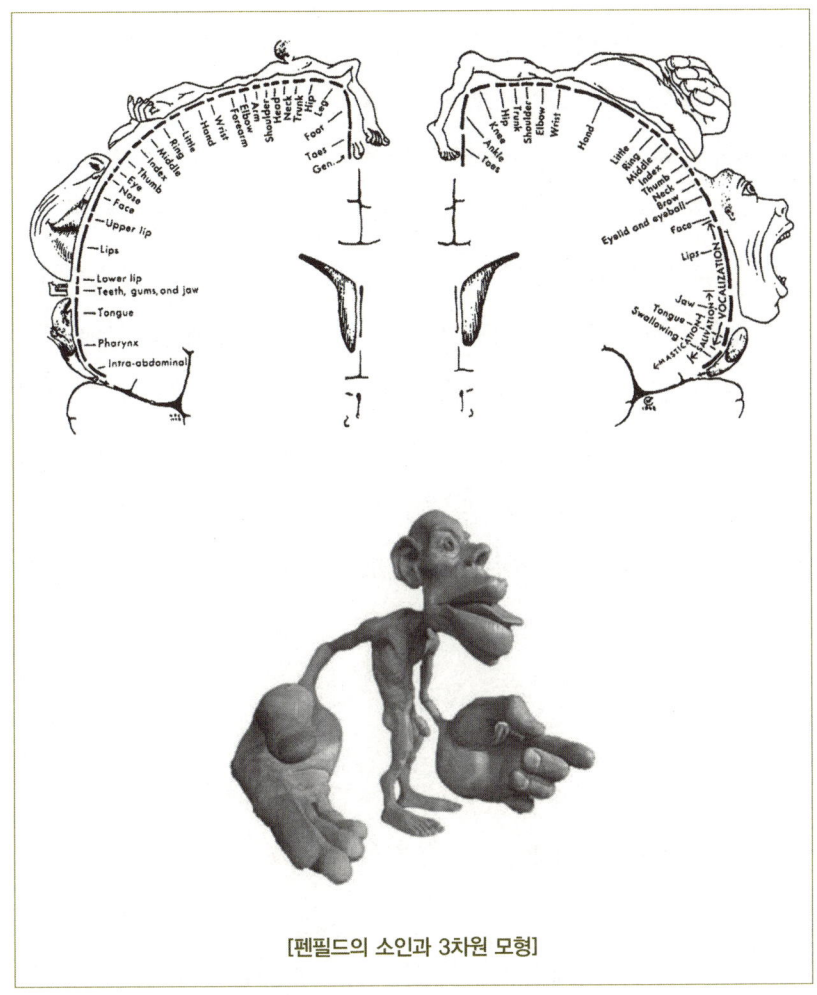

[펜필드의 소인과 3차원 모형]

2. 손을 사용하는 것은 지능의 원천

　손의 기본 운동은 주먹을 쥐는 구부리기, 손을 펴는 펴기, 손가락을 편 채 붙이는 모으기, 손가락을 활짝 펼치는 벌리기와 엄지손가락의 맞서기를 더하여 다섯 가지이다. 이 간단한 운동들의 조합으로 인간의 손은 수많은 활동과 변화를 만들어내는데, 특히 엄지손가락에는 벌림근과 모음근이 유난히 발달해 있어서 강한 힘으로 움직일 수 있다.

옛날에는 공기놀이, 구슬치기, 딱지치기 등 주로 손 전체를 사용하면서 놀았지만 요즘은 컴퓨터나, 스마트폰 등을 이용하여 손의 일부만을 사용하여 논다. 손을 반복해서 자주 사용하지 않으므로 다양한 운동패턴을 배울 수 없게 되고 손을 잘 쓰지 못하게 되므로 손재주도 둔해진다. 손을 많이 써서 운동신경을 활성화시키고 손으로 이어지는 근육을 발달시켜야만 뛰어난 손재주를 지니게 되며 신경의 전달 속도가 빨라지고 외부정보의 입수와 반응 속도도 빨라지는데 이는 곧 지능의 발달과 직결된다. 인간의 지능과 운동중추는 전두엽이 관장하는데, 전두엽은 손가락을 움직이는 등의 미세한 운동을 통해 활성화되기 때문이다.

3. 손과 인류의 미래

20세기가 인간이 기계를 이용해 일을 하는 '자동화'의 시대였다면, 21세기는 기계가 인간의 일을 스스로 알아서 하는 로봇의 시대이다. 말 그대로 '손 하나 까딱' 하지 않아도 되는 세상이 된 것이다. 20세기의 진공청소기는 사람의 손으로 모터를 끌고 다니는 원시적 형태의 기계였다면, 21세기의 진공청소기는 스스로 알아서 바닥을 청소하고 충전까지 한다. 자동차도 열쇠를 꽂아 돌릴 필요 없이 차로 가면 저절로 잠금장치가 열리고 시동이 걸린다. 주차를 하느라 핸들을 돌리며 애먹을 필요도 없이 자동차가 스스로 알아서 주차공간을 찾아 들어간다. 더하여 오늘날의 로봇은 사람의 일을 대신하는 기계적인 기능에서 벗어나 직접지능을 가지고 사람의 감정까지도 이해한다. 인간은 이렇게 굳이 손을 직접 사용하지 않아도 많은 것이 해결되는 스마트한 시대를 살아가고 있다. 그러나 일본의 뇌과학자 구보타 기소우 박사는 이런 스마트 기기 때문에 인간의 진화가 멈출지 모른다고 경고한다. 스마트 기기 때문에 손을 적게 사용하게 되고, 손을 적게 사용하면 뇌 발달이 활발히 이루어지지 않고 오히려 퇴보할 수도 있기 때문이라는 것이다.

4. 손과 수명의 관계

손은 수명과도 밀접한 관계가 있다. 미국 의사협회가 발행하는 학술잡지에서, 하와이 오아후 섬에 사는 일본계 남성 8,000여명의 건강과 장수에 대한 역학조사 결과를 발표했다. 그들의 손을 쥐는 악력을 조사해보니 85세 이상까지 장수하고 있는 655명의 평균 악력은 39.5kg인 데 비하여 병에 걸린 758명은 39.2kg이었다. 또한 거동을 하지 못하는 1,038명은 38.6kg, 85세 이전에 죽은 3,369명은 38.5kg이었다. 이렇게 손의 악력이 셀수록 질병이 없고 건강하다는 사실이 보고되었다. 85세에 이 정도의 악력이 있다는 것은, 분명 손으로 무거운 것을 자주 들어 옮기거나 농사를 짓는 등 힘 쓰는 일을 했기 때문일 것이다. 이러한 데이터를 보면, 건강하게 장수하고 싶은 사람은 손으로 힘을 쓰는 일을 많이 하는 것이 좋으며 손과 수명과는 상호관계가 있다는 것을 알 수 있다

수상학이란?

1. 수상학의 기원

손의 모양과 손금에 의하여 인간의 운명을 해독하는 수상학은 언제부터 시작된 것일까? 3,000여 년 전 인도의 승려와 학자들은, 인체의 주름과 운명의 관계를 연구했다. 그중에서 인도의 고대 브라만 교사가 손금을 연구하기 시작하였는데, 그들은 석굴 안에 수상과 관련된 연구 자료를 인간의 피부를 이용한 종이 대용품에 적어 3권의 책으로 보관하고 있었고, 이 책이 알렉산더에 의해 서양으로 반출되어 연구되기 시작했다.

그 후 인도에서 발생한 수상학은 중국으로 건너가 송나라 건국 초에 달마조사達磨祖師에게 전해졌다. 그는 상법相法에 능하였으므로, 수상학도 상법의 일부가 되어 동양상법의 원조가 되었다. 중국의 수상학은 당나라에서 번성하였고, 이후 명나라와 청나라 시대에 본격화됐다. 그리고 이 수상학은 한국을 거쳐 일본으로 전파되었다. 하지만 근대에 와서는 수상학은 일본에서 더 활발하게 연구되었고 그 뒤 일본 수상학이 거꾸로 한국으로 유입되기도 하였다.

수상학의 기원은 구약성서에서도 찾아볼 수 있는데 '사람의 손에 부호 혹은 인장印章을 두었으니, 이것에 의하여 모든 사람에게 그들의 직분을 알려주기 위함이니라' 하고 쓰여 있는 것은 손금으로 직업을 아는 것이 신의 뜻이라는 이야기인 것이다.

그리스의 아리스토텔레스도 수상에 대해 많은 연구를 했으며, 오늘날에 와서는 동서양을 가리지 않고 수상학에 대한 연구가 활발히 진행되고 있는데 영국의 키로, 프랑스의 테바로르, 미국의 벤한 등 세계 각국에서 여러 수상학의 대가가 나왔으며 국내에서도 여러 전문가들이 수상연구를 위하여 10만여 건의 임상을 거친 데이터를 분석했다.

2. 동서양의 수상학

(1) 동양

동양의 수상학은 약 3,000년의 역사를 가지고 있지만 제대로 학술체계를 잡은 것은 당나라 때부터이다. 이후 명나라와 청나라 시대에 본격화되었다. 동양의 수상학에서는 기氣와 찰색察色을 함께 관찰함으로써 서양 수상학으로는 판단하기 어려운 부분도 분석할 수 있다. 현재 시중에 통용되는 수상학은 대부분 서양의 수상학이지만, 동양의 수상학도 충분히 이해한 후 두 가지를 함께 병용하면 더욱 좋을 것이다.

(2) 서양

아낙사고라스는 손에 대하여 말하기를, '인간의 손은 운명을 말하고, 질병에 대해 알 수 있는 불가사의한 신비를 가지고 있다. 사람이 만물의 영장이 되는 것은 오직 훌륭한 손이 있기 때문이다.'라고 하였다. 또한 그 즈음 그리스의 철학자 피타고라스가 관상과 수상학에 대해 그의 제자들에게 전수시킨 기록도 남아 있다. 문헌으로 남아 있는 서양 수상학 자료로는 아리스토텔레스(기원전 384~322년)가 쓴 『수상술도해입문』이 있는데, 아리스토텔레스는 "손은 모든 기관 중 가장 중요한 기관이며 생명의 장단을 표시하고 천부적인 감각과 개성에 의해 생긴다"고 했다. 아리스토텔레스와 같은 시대를 살았던 히포크라테스, 플라톤과 아낙사고라스 등도 수상학에 대해 많은 연구를 했을 것으로 짐작되나 전해지는 문헌자료가 없는 것이 안타깝다.

유럽의 경우 중세기에는 집시들이 수상학을 생계수단으로 사용한 것으로 알려져 있다. 서양수상학은 19세기 들어와 체계적인 분석과 통계를 거치면서 본격적인 연구를 통하여 의학과 범죄학으로도 발전해 환자와 범죄자를 관찰하는 데도 크게 기여했다.

손금은 과학이다. 의학, 사회학, 심리학 등 여러 분야에서 활발하게 연구가 진행되고 있다. 오늘날 프랑스와 미국 등에는 수상학과가 있고 전문교재가 나올 정도다. 또 손금은 지문과 함께 모두 전산화되어 본인의 손금을 직접 해독할 수 있을 정도로 발전을 계속하고 있다.

3. 손과 운명

사람이 태어나기 위해서 어머니 뱃속에서 탯줄을 통하여 영양을 공급받으며 열 달 가까이 지내다가 세상에 나와 탯줄을 자르고 첫 숨을 쉬는 순간에 그 순간의 고유의 우주의 기운, 즉 영靈이 들어와 혼백, 곧 육체와 결합하여 하나의 생명체가 탄생한다.

우리는 하늘을 머리에 이고 땅에 발을 디디며 살아가고 있다 추우면 추운대로 더우면 더운대로, 태어나서 죽을 때까지 단 한 순간도 천지의 기운을 벗어나 살 수가 없다. 우주의 기운은 한 순간도 고정되어 멈춰 있지 않으며, 매일 하루 24시간이 아침 점심 저녁 밤으로 반복되고, 1년 365일은 춘하추동으로 끊임없이 반복되며 순환한다. 그러기에 이 우주 내에 있는 만물은 각기 그가 지닌 고유의 기운[命]과 매 순간 변화하는 우주기운[運]의 상호 작용반작용관계에 의하여 영향을 받으며 살 수 밖에 없다. 그것이 소위 우리가 말하는 운명이라고 하는 것이다.

사람은 누구나 선천적으로 가지고 태어나는 신체적 조건이나 성격이 존재한다. 그러나 그 선천적 조건만으로 자신의 생애가 결정되는 것은 아니다. 후천적 노력에 따라서 자신의 장래와 인생은 바뀔 수 있다. 그러므로 우리들은 적극적인 노력과 실천을 통하여 얼마든지 자신의 운명을 개척하고 삶을 개선시킬 수 있는 것이다.

사람의 손에는 한 사람의 운명에 대한 많은 정보가 담겨 있으니 수상과 손금을 통하여 그 운명을 알아보고 또 손의 관리를 통하여 적극적으로 운명을 개척해 나가는 방법을 알아보자.

(1) 손금이 생기는 이유

세상에는 똑같은 손금을 가진 사람은 없다. 한날한시에 한 부모에게서 태어난 쌍둥이도 손금이 다르다. 이처럼 신비스러운 손금은 손가락의 움직임, 즉 손의 운동에 의하여 생겨난다. 손의 운동 이외에도 선천적인 신체조건과 후천적 건강상태, 생활환경 등이 손금 형성의 요인이 될 수 있다. 위와 같은 외적 조건 이외에도 개인의 고유한 성정과 심리상태 등에 의해서 손금은 생성되고 변환된다.

독일의 철학자 칸트는 '손은 외부에 나타난 또 하나의 두뇌'라고 하며 수상은 두뇌 신경조직이 손금으로 나타난 것으로, 인간의 모든 것을 손금이 나타내고 있어 수상을 소우주라고 칭하였다. 또한 영국의 W. 존스는 『손으로 본 해부학』에서 "태아가 모태에서 자란 지 18주가 되면 손금 가운데 3대선인 생명선과 두뇌선, 감정선이 나타나고, 9세까지 계속해서 형성된다"고 하였다.

(2) 수상학에 대한 연구

프랑스의 수상학자 테바로르는 "우주에 충만한 초월적 기운은 인간의 손끝에서부터 대뇌로 가서 신체의 각 부분에 전달되고 이것이 다시 신체의 각 부분에서 뇌로 모여 손끝을 지나 몸 밖으로 나오게 된다. 이 전류는 사람이 생존하고 있는 동안 한 순간도 끊임이 없이 흐르고 있다. 사람이 생각하고 움직이고 생활하는 것은 초월력의 속도와 양, 손의 형태에 따라 다르다. 이렇게 끊임없이 흐르는 전류는, 뇌조직의 상태에 따라 손가락과 손가죽의 깊고 얕음의 형상과 선과 무늬를 새겨 놓는다. 그러므로 사람은 그의 성질과 재능, 운명의 상이相異에 따라 특수한 형상을 갖춘 손과 손금을 갖게 되는 것이다"라고 말했다.

프랑스의 바스킷은 「손의 심리학적 연구」라는 논문에서 손의 과학적 통계로 연령, 성격, 질병에 대한 적중률을 확인해 주었다. 또한 영국의 C. 월프도 「인간의 손과 동작의 심리」라는 논문에서 손의 과학적 통계에 의한 근거를 규명하였다. 이외에도 의학과 과학의 여러 분야에서 손에 대한 연구는 활발하게 진행되고 있어 수상학에 지대한 영향을 미쳤다.

(3) 손금과 적성

사람이 만물의 영장이 될 수 있는 중요한 이유 중의 하나는 바로 손이 있기 때문이다. 인류는 두뇌로 문화를 창조하고 손으로 문명을 발전 시켰다. 인간의 대뇌 신경의 70%는 손과 연결되어 있다. 그래서 신경과학자들은 손을 제2의 뇌라고 한다. 세상에서 두 손을 자유롭게 사용하는 생명체는 오직 사람뿐이다. 식사를 하거나 피아노를 치거나 그림을 그리거나 집을 짓거나 컴퓨터 자판을 두드리거나 사람은 거의 모든 일을 손으로 하고 있다.

만약 사람에게 손이 없었다면 우주를 정복할 수 있었을까? 사람이 우주를 정복할 수 있었던 가장 기초적인 시작은 나사의 발명과 사용이다. 나사를 사용할 수 있는 근원적 능력은 바로 사람의 엄지손가락에서 나온다. 네 발 달린 짐승 중에 두발로 보행을 하는 것은 인간 이외에 유인원류가 있다. 하지만 침팬지나 오랑우탄 등의 유인원은 완전한 직립보행을 하지 못한다. 그러므로 완벽하고 자유롭게 두 손을 사용하지 못한다. 더더군다나 사람처럼 엄지손가락이 발달하지 못하여 손의 움직임과 동작에서 회전운동을 할 수가 없다. 바로 나사를 사용할 수가 없는 것이다.

　사람은 부모로부터 선천적으로 손을 타고난다. 그리고 그 손에 따라 재능과 적성이 다르다. 야구공을 던지는 투수의 손이 있고, 정교하고 세밀한 수술을 하는 성형외과의사의 손이 있으며, 피아노와 바이올린을 연주하는 연주가의 손이 있고, 한 땀 한 땀 바느질로 작품을 만드는 장인의 손과 아름다운 외모를 다듬어 주는 헤어디자이너와 네일 아티스트의 손이 있다.

　상상을 해보라! 만약 리듬체조를 하는 손연재 선수와 피겨스케이팅을 하는 김연아 선수의 손이 건설현장에서 일하는 강하고 억센 노동자의 손 모양이었다면 과연 아름다움을 최고의 극치로 표현하여 메달을 딸 수 있었을까? 그녀들의 미적 아름다움의 표현의 마무리는 예쁘고 우아한 손끝에서 나왔던 것이다. 또한 반대로 역도를 하는 장미란 선수의 손이 연약하고 힘이 없이 예쁘기만 했다면 과연 그만한 무게의 역기를 들어 올려 우승을 할 수 있었겠는가? 그러므로 사람의 재능과 적성의 기초는 바로 손이 되는 것이다.

　손의 모양에 따른 기질과 손가락의 길이에 따른 특성, 또 손바닥 구丘의 발달 상태에 따른 에너지의 상태, 손금의 모양에 따른 세부적 성질과 심리 상태 등에 따라 사람의 재능과 적성이 다르게 발현되고, 또 그에 따라 생활의 모습과 직업이 달라지게 되고 결국 운명이 달라지게 되는 것이다. 또한 손에는 우리 몸의 오장육부와 365개 경혈이 서로 연결되어 건강과도 밀접한 관련이 있다. 손을 잘 보면 한 사람의 재능과 적성을 알고 운명을 알 수가 있다. 그러므로 우리는 우리 자신의 손이나 자녀들의 손을 잘 관찰하고 관리하여 건강하고 행복한 삶을 영위해 나갈 수 있도록 노력하여야 할 것이다.

손은 위대한 의식기관이다!

우리는 우물가로 갔다. 누군가 물을 길어 올리고 있었다. 선생님은 내 손을 펌프로 가져갔다. 차가운 물줄기가 내 손을 타고 흘러내리는 동안 선생님은 내 다른 쪽 손에 '물'이라고 썼다. 바로 그 순간 번개 같이 되살아난 정신이 내 몸을 타고 흘렀고, 언어의 비밀이 열리기 시작했다. 나는 물이 지금 내 손을 타고 흐르는 아주 멋진 것이란 사실을 알게 되었다. 이 생생한 단어는 나의 영혼을 깨웠다. 우물가를 떠날 때 나는 배움의 욕망으로 가득 찬 사람이 되어 있었다. 모든 사물에는 이름이 있었고 모든 이름에는 생각이 담겨 있었다. 집으로 돌아 올 때 모든 것들은 마치 생명의 불꽃을 내뿜고 있는 듯했다.

헬렌 켈러 Helen Keller
『어둠에서의 탈출 Out of the Dark』 중에서

4. 수상을 보는 법

(1) 수상과 손금 보는 순서

① 기본적으로 손의 유형類型이 무엇인가를 먼저 본다.
② 피부상태와 찰색, 손톱 등을 보고 건강과 운기를 본다.
③ 손가락의 모양과 길이를 본다.
④ 손바닥을 보고 구(丘)의 발달 정도와 상태를 본다.
⑤ 생명선, 두뇌선, 감정선 등 삼대선을 먼저 본다
⑥ 운명선, 태양선, 재정선, 결혼선, 기타 보조선 등을 본다.
⑦ 손바닥에 특수한 색깔이나 기호나 부호가 있는가를 본다.
⑧ 손이 나타내고 있는 특징을 여러 선에서 찾아내어 그것을 종합적으로 정리하여 판단한다.

(2) 손금을 잘 보는 법

수상은 직감이나 영감, 특별한 신령적 재능을 필요로 하는 것이 아니고 정확한 관찰과 판단을 기초로 하기 때문에 많은 노력이 필요하다. 그러므로 아래와 같은 점에 유의하며 정확한 관찰에 힘써야 한다.

① 아무리 이론을 많이 안다고 하더라도 실제 수상을 접해 보지 않으면

소용이 없으므로 될 수 있는 한 여러 사람의 손을 많이 보아야 한다.

② 손금에만 치중하여 손의 형태나 전체적인 것에 소홀해서는 안 된다.

③ 기본적인 부분을 정확히 인지한 후 세부사항으로 들어가야 한다.

④ 수상학 이론뿐 아니라 상식과 과학적 방법 등을 모두 응용해야 한다.

손의 유형에 따른 적성

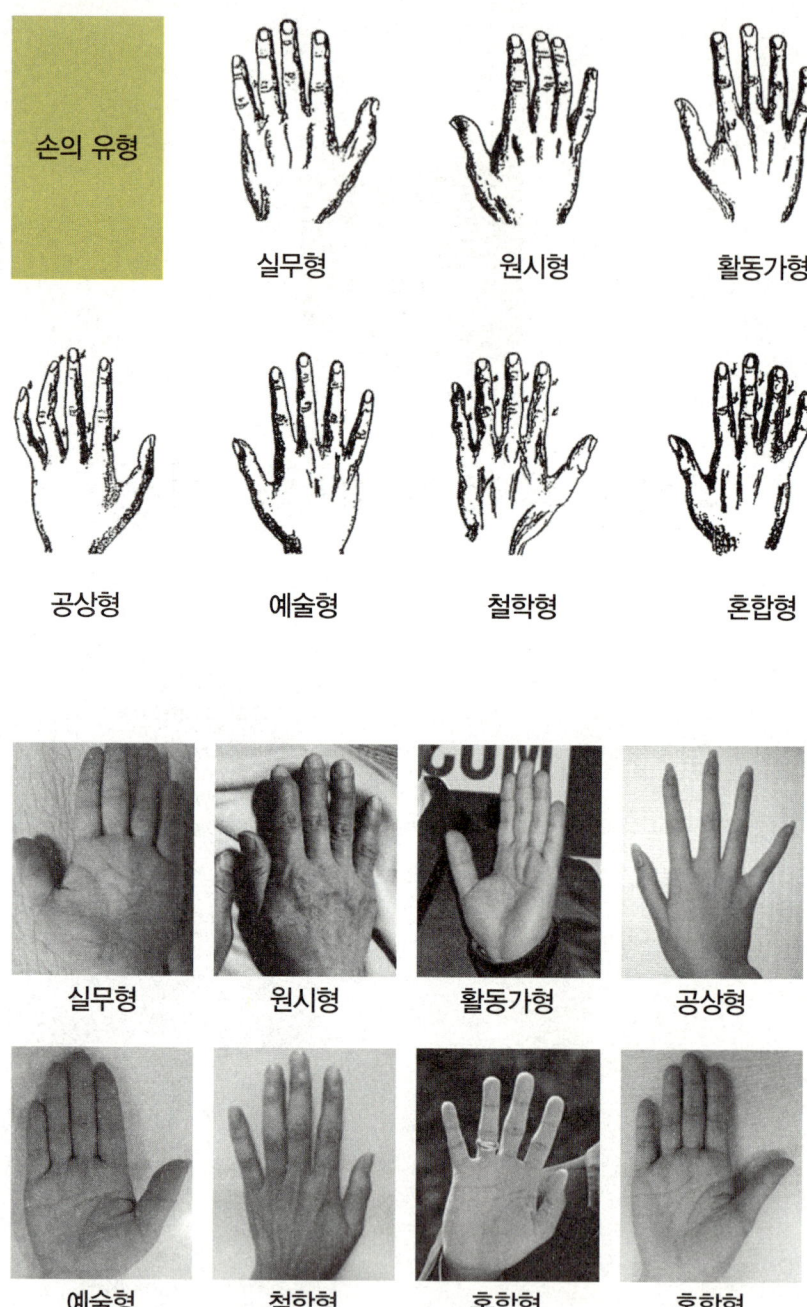

1. 손의 모양에 따른 분류와 적성

손에는 여러 가지 모양이 있는데 모양에 따라 크게 7가지 유형으로 구분한다. 손금도 중요하지만 같은 유형의 손금이라 해도 그 손의 모양에 따라 기질과 적성이 전혀 다를 수 있다. 수상학에서는 이 손의 유형을 정확하게 알아두는 것이 수상에 따른 판단을 잘 하는 기본요소인데 이것을 잘못 알고는 정확한 수상의 판단을 할 수가 없다.

(1) 실무형(방형)

1) 모양

손바닥과 손가락의 길이가 비슷하고 손가락의 굵기도 위아래가 비슷하여 손 전체가 네모형으로 각진 모양이다. 손등이 평평하고 손바닥은 단단하며 손톱도 네모진 모양으로 특히 엄지손가락이 크고 단단하며 잘 발달되어있다.

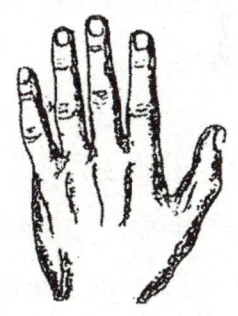

2) 성격

활동적이며 근면성실하고 합리적·현실적인 사람으로 원칙과 규정, 질서와 규율을 지키는 타입이다. 사교성은 조금 부족하고 주관이 강하며 이론적으로 따지는 단점이 있다. 물질적인 면을 중시하며 실무적이고 책임감이 강한 성격으로 권위와 명예를 중시하고 원리원칙을 고수하며 올바른 논리를 추구한다. 시시비비를 가리고 약자를 보호하는 보호정신도 강하다.

3) 애정관

화려하고 로맨틱한 연애를 하는 스타일이 아니며 유희나 불장난이라는 생각은 없고 결혼을 전제로 연애를 한다. 여자가 이런 손이면 계획성이 있고 짜임새 있으며 살림을 잘한다.

4) 직업적성

상식적인 노력형으로 정치, 경제, 사회, 법률, 교육, 이공계 등에 적합하다. 성실한 실천가로 치밀한 관리력이 있으며, 편재보다는 가공한 완제품이나 차려진 밥상의 음식을 다루는 일에 적합하다. 실속위주로 활동하며 결과도출력이 탁월하고 신용을 지키기 때문에 실수가 적어 관리나 행정직도 적절하다.

5) 학과적성

행정학과, 법학과, 사회과학과, 정치학과, 건축공학과, 토목과, 물리학과, 식품영양학과, 경제학과, 경영학과, 회계학과, 금융학과, 무역학과, 원예학과, 내과, 재료분석학과, 통계학과, 가정관리학과, 교육학과, 비서학과 등

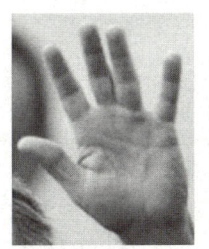 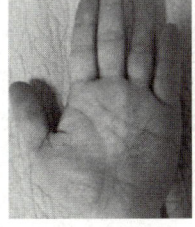 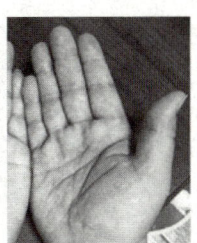

| 정치인 | 교수 | 사업가 |

(2) 활동형(주걱형)

1) 모양

손가락 끝이 주걱모양으로 둥글넓적하고 통통하며 손 전체가 탄력이 있으며 손가락의 길이가 짧다. 손이 크고 엄지손가락도 크며 손가락 전체의 뼈가 굵고 단단하다.

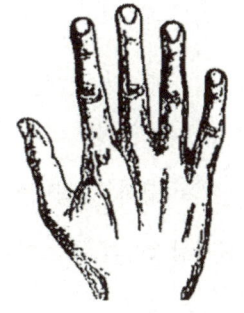

2) 성격

자신의 감정을 화끈하고 솔직하게 드러내며 활동적이다. 자립심, 독립심, 추진력, 적극성이 강하며 실속 있는 일에 열중한다. 남의 지배를 받기 싫어하며 의지하려는 마음이 적고 모험적으로 행동한다. 자아가 강하기 때문에 배타적인 면이 있을 수도 있다. 도전하는 기분을 즐기며 새로운 것에 대한 모험을 원한다. 자존심, 독립심, 추진력이 강하고 재물에 대한 욕구가 강하며 경쟁심 강하고 겁이 없다. 자신의 영역을 확보하려는 심성이 강하고 실천적으로 설계, 행동, 시공, 개척하며 물리적 변화를 추구한다.

3) 애정관

대담하며 솔직한 성격으로 화려하지 않고 정확한 이성 관계를 원한다. 이성에 대하여 친절하고 적극적이다.

4) 직업적성

근면하고 활동적이므로 토목, 건축, 사업가 등이 적당하다. 독창성도 있으므로 사업가가 되어도 성공한다. 담백하고 화끈한 성격으로 군인, 경찰, 검찰 등 힘을 사용하여 명예를 얻고 많은 사람을 지키는 일에도 적합하다. 칼, 창, 대포 등 무기를 다루는 일에 적합하며 군중의 리더가 되는 학과나 직업이 무난하다.

5) 학과적성

요리학과, 국방대학, 경찰대학, 경호학과, 사관학교, 정치학과, 체육학과, 경제경영학과, 장의학과, 안경학과, 조소과 등

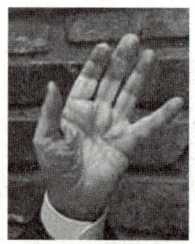
기업인

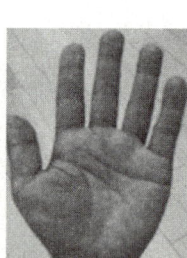
학원장(女)

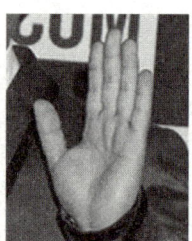
연예인

(3) 원시형(노동형)

1) 모양

전체적으로 손가락이 굵고 손가락 마디가 튀어나와 손을 펴도 바로 펴지지 않으며 색깔은 검은 편이고 특히 엄지손가락이 굵고 짧다. 이 손은 거칠고 단단하여 힘줄이 튀어 나왔으며 짧다.

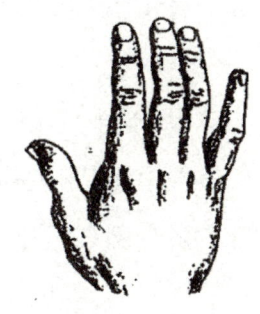

2) 성격

고상하지 못하고 격정이나 분노를 감추지 못하는 거친 성격이다. 정신적인 면이 발달하지 못하고 사물에 대한 깊은 사고와 통찰력이 부족하고 단순하여서 세밀한 계획을 세우지 못한다. 인생에 대한 생각도 간단하여 품격 있는 생활에 대한 관심이 부족하고 현실에 만족하기 때문에 사회적 발전이 떨어진다.

3) 애정관

단순하고 둔감하여 무뚝뚝한 스타일로 로맨틱한 연애는 할 수 없다. 상대방의 감정을 이해할 줄 모르고 자기주장만 내세워 상대의 마음에 상처를 준다. 이런 유형의 사람은 그저 상대의 말에 순응하는 것이 최상이나 그러지를 못한다.

4) 직업적성

체력이 강하여 억센 노동력을 필요로 하는 직업에 적합하다. 농업, 수산업, 토목업, 건축업, 현장노동직, 기계류가공업, 갑판원 등에 적합하다.

5) 학과적성

농과, 수산학과, 건축과, 토목과, 기계과, 원예과, 조리과, 선박과, 장례학과, 수의과, 체육과, 가정과, 경호학과 등

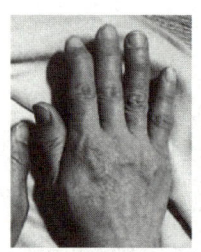
가정주부

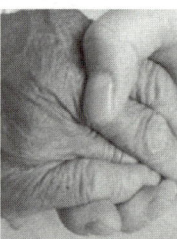
노동자

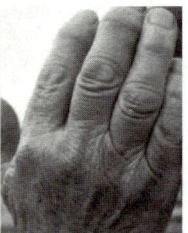
노동자

(4) 철학형(사색형)

1) 모양

손가락 마디가 굵으므로 손바닥을 펴면 손가락 사이가 붙지 않고 엉성하게 보인다. 손가락 관절이 발달하여 마디가 길고 살이 없는 모양으로 뼈가 단단하고 힘줄이 튀어나왔다.

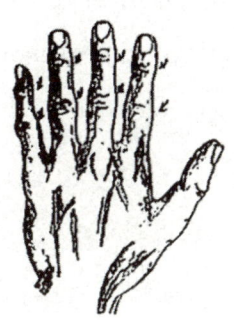

2) 성격

냉철하고 사색적이며 학구적이고 지식욕이 왕성하다. 정신적인 면을 중시하는 경향이 있으며 사고력이 깊어서 매사에 조심스럽고 일시적인 감정이나 충동에 휩쓸리지 않으며 신중을 기하는 반면에 소극적인 면도 있다. 성격이 차분하여 어떤 일이든 정성을 쏟아 몰두하는 스타일로 전통의 계승을 좋아하고 자유분방함을 싫어하는 철학적 사고의 소유자이다.

3) 애정관

지적이고 이성적이며 신중하므로 맹목적인 연애를 안 하는데, 그로 인해 오히려 상대방을 불안하게 만들 수도 있다. 아무하고나 쉽게 사랑에 빠지지는 않으나 최후에는 견실한 부부가 되고 좋은 가정을 이루어 안정적인 결혼생활을 하는 유형이다.

4) 직업적성

신중하고 학구적이므로 장사나 영업 등의 외향적 활동보다는 인문학, 철학, 종교 등의 정신적이며 내향적이고 연구적인 방면이 좋다. 보수성향이 강하고 고지식한 편이며 정확히 받아서 정확히 주려는 성향으로 교육자 등에도 적합하다.

5) 학과적성

인문학과, 어문학과, 독서지도학과, 교육학과, 국문학과, 사학과, 문화인류학과, 종교학과, 심리학과, 철학과, 정신과, 약학과, 법학과, 행정학과, 사회과학과, 정치외교학과 등

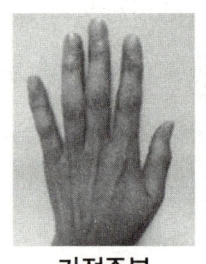
가정주부

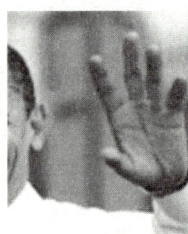
정치인

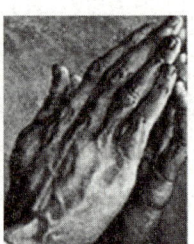
종교인

(5) 예술형(원추형)

1) 모양

손모양은 부드럽고 두터우며 손가락 끝으로 갈수록 가늘어지고 손끝은 원추형이다. 공상형 손과 비슷하지만 살집이 조금 더 통통하고 예쁜 것이 특징이다.

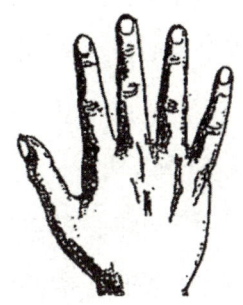

2) 성격

다정다감하며 사교성이 좋고 재치와 순발력과 끼와 재능이 있다. 예술적 감각으로 아름다움을 사랑하나 현실보다는 감정이 앞서는 경향으로 일을 사무적으로 처리하지 못하므로 냉철한 사고를 요구하는 일에는 적합하지 않다. 표면적인 자존심이 강하여 감정적인 일로 격해지기 쉬우나 오래 가지는 않는다. 한 가지 일에 열중하다가도 빨리 권태를 느끼는 경향이 있다.

3) 애정관

화려하고 열정적인 성격으로 충동적인 연애를 하는 타입이므로 이성 관계에 있어서는 맹목적이며 성적 유혹에 빠지기 쉽다. 친화력이 뛰어나 상대를 잘 설득하고 이성의 기분을 잘 맞추어 준다.

4) 직업적성

지적인 면도 풍부하고 사회성이 좋아서 예술과 예능방면에 적합하며 음악, 무용, 미술, 문학, 배우, 연기자, 기자, 리포터, 외교관 등 비교적 자유직업에 적합하다. 자신을 표현하고 상대를 설득하는 능력과 주제를 설명하고 이해시키는 능력이 탁월하며 순간의 발상으로 끼와 재치가 넘치므로 강한 독창성을 활용하는 뷰티관련 업종 및 자유로운 업무에 좋다.

5) 학과적성

 연극영화과, 영상학과, 성악과, 무용학과, 음악과, 미술학과, 문예창작과, 사진예술학과, 뷰티학과, 피부크리닉학과, 모발관리학과, 의상디자인학과, 관광통역과, 언론정보학과, 천문기상학과, 호텔학과, 종교학과, 철학과, 교육학과, 신문방송학과, 외국어학과, 어문학과, 성형외과, 유아교육과 등

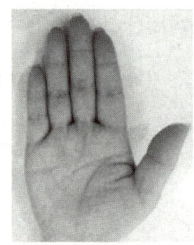
피부관리사

여배우
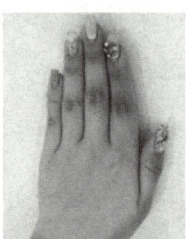
네일아티스트

(6) 공상형(첨두형)

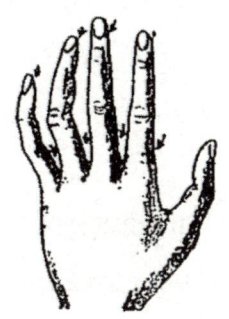

1) 모양
대체적으로 손이 예쁘고 고우며 손가락이 가늘고 끝이 뾰족하다. 손마디가 고우며 손 전체가 작고 섬세하고 하얗고 부드럽다.

2) 성격
직감이 뛰어나고 공상과 상상력이 풍부하나 다분히 감정적이기 때문에 단체생활이 어렵고 현실감각이 부족하다. 사교적인 성격으로 사람들과 쉽게 친해질 수 있으나 매사를 가볍게 생각하는 경향으로 만남이 오래 지속되지 못하는 성향이 있다. 신비주의적 성향이 강하여 비현실적이며 추상적인 면이 많다. 체질적으로 약한 사람이 많아 남의 도움 없이 생활하기 힘든 무능력한 사람도 많다.

3) 애정관
꿈과 이상을 중요시 여기는 까닭에 연애에 깊이 빠지면 헤어나지 못한다. 향락을 즐기는 스타일로 이성관계가 복잡하거나 불규칙적이다.

4) 직업적성
평범한 직업보다는 소설가 등 신비적인 감각과 공상을 살리는 직업이 좋다. 일반 사무행정에는 적성이 잘 맞지 않으나 재치와 순발력이 있으며 신비주의적 성향이 강하고 비현실적이며 추상적인 면이 많으므로 그런 특성을 살리는 직업이 좋다. 종교에 심취하거나 예술적 성향을 보이고, 보이지 않는 곳에 흥미를 느끼며 항상 두 가지 이상을 동시에 생각하므로 이런 면에 강점을 두는 직업이나 학과가 좋다.

5) 학과적성

무용학과, 음악과, 미술학과, 디자인학과, 뷰티학과, 비서학과, 모델학과, 연극영화과, 영상학과, 문예창작과, 애니메이션학과, 신문방송학과, 관광통역과, 언론정보학과, 사진예술학과, 호텔학과, 유아교육과, 외국어학과, 컴퓨터그래픽전공, 종교학과, 심리학과, 정신과, 약학과, 교육학과, 정보학과 등

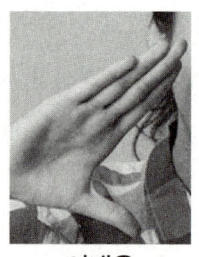

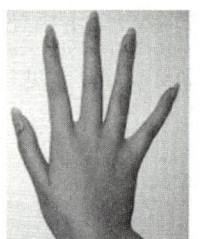

여배우 여배우 가정주부

(7) 혼합형

1) 모양

이 손은 손가락뿐만이 아니고 손의 형태 자체가 두 가지 이상이 혼합되어 있는 손으로 뚜렷하게 하나의 기본적인 특징을 가지고 있지는 않다. 예를 들어 두 손가락은 예술형이고 두 손가락은 실무형인 경우 등이다.

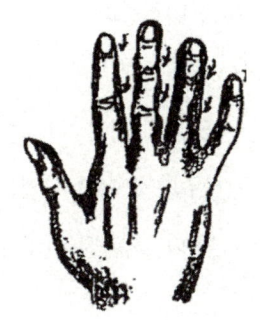

2) 성격

혼합형의 손을 가진 사람은 성격과 특성이 특별히 정해져 있지 않으며 다각적인 요소가 포함되어 있고 여러 방면에 재주가 있는 것이 특징이라고 할 수 있다. 임기응변에 능하고 다재다능한 사람이지만 목적이나 계획에 일관성이 없으므로 변화가 심하여 한 가지 일에 매진하지 못하는 결점이 있다. 그러나 이런 손을 가진 사람이 두뇌선이 뚜렷하여 업무에 몰두할 수 있는 강한 정신력을 가지고 있다면 투잡(two-job)을 가지거나 다방면에 성공할 가능성도 많다.

3) 애정관

직업이나 주거지가 자주 바뀌는 사람으로 연애를 할 때도 일관성이 없어 상대를 자주 바꾸는 경우가 많으며 때로는 열정적이다가도 때로는 냉정해지기도 하여 종잡을 수 없는 태도로 애정관계에 변화가 많을 수 있다.

4) 직업적성

다양한 직업에 적응력을 가지고 있으나 한 곳에 몰입하지 못하는 단점으로 직업 변화가 많을 수 있다. 투잡(two-job)을 가지거나 다방면에 관심과 재능을 발현한다.

5) 학과적성

두 가지 이상의 업무를 소화할 수 있으므로 이런 면에 강점을 두는 학과가 좋다. 혼합된 손의 유형에 따라 복합적으로 적성을 나타낸다.

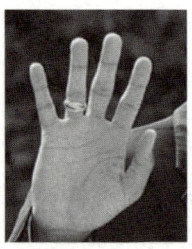
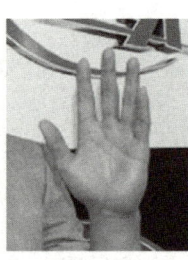
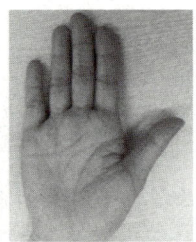

운동선수 　　연예인 　　전문강사
실무형+활동형 공상형+활동형 실무형+예술형

2. 손바닥의 색깔에 따른 특성

사람의 건강은 우선적으로 혈액순환에 좌우된다. 혈액순환의 상태는 손의 색깔로 나타나 건강상태와 성격적 특성, 병에 대한 면역력 여하를 알려준다. 손의 혈색이 가장 선명하게 나타나는 곳은 손바닥과 손톱이다. 이 부분의 찰색을 잘 살펴보면 그 사람의 건강상태는 물론 성격도 알 수 있다.

1) 담홍색

엷은 홍색으로 건강상태가 좋고 혈액순환도 잘 되고 있는 것을 나타내며 원기왕성하고 정력도 강하며 성격도 명랑하다. 심신心身이 건강하고 활기를 띠고 있으므로 활발하고 발전적이며 희망적인 상태를 나타낸다.

2) 빨간색

손이 너무 붉은색이면 다혈질을 의미하고 활력과 정력이 과도하게 넘치는 성질을 나타낸다. 적색의 손을 가진 사람은 심장질환에 주의해야 하고 지나치게 붉은 색은 다혈질이며 흥분을 잘하고 분노하기 쉽다. 무슨 일이든지 쉽게 몰입하고 쉽게 식어버리는 타입이다.

3) 노란색

노란색은 신경질적이고 참을성이 없으며 소심한 면이 많아 남에게 쉽게 속을 털어놓지 못하고 공상이 많으며 염세적인 성향이 강한 사람이다. 손바닥이 갑자기 노란색으로 변하면 과로하여 간장이 약해졌다는 신호이다. 육체적으로도 건강하지 못하며 정신적으로는 스트레스를 많이 받는다는 신호이다.

4) 창백한 색

창백한 손은 기력이 부족하고 끈기와 결단력이 부족함을 나타낸다. 빈혈증이 많고 원기가 부족하고 실행력이 없으며 공상과 꿈만을 쫓는 유형이 많으며 무엇이든지 싫증을 빨리 느끼고 사교성이 부족한 자기중심적인 사람이다.

5) 청색

손이 청색인 사람은 기분이 들뜬 유형이 많으며 쉽게 뜨거워지고 쉽게 식어버리는 약간 변덕스러운 면이 있다. 청색은 그 사람이 우울하거나 공상적이거나 음성적인 성질을 갖고 있음을 나타내는데, 이러한 손은 일반적으로 말이 없고 집념이 강하며 물욕도 굉장히 많다. 청색의 손은 빈혈증을 나타낸다.

6) 검은 색

손에 검은색이 나타나면 상당한 장애가 일어나는 것을 나타내는데, 심하면 교통사고, 화재 또는 사망 등의 위기가 있을 수 있다. 검은색의 손은 소화기 계통이 약하므로 원기가 부족하고 음성적이고 사교성이 없으며 내성적인 유형이다. 여자는 남자와 달리 현재 생리유무를 함께 보아야 한다. 생리 중에는 손 빛이 붉어지며 생리가 끝난 직후에는 창백해진다.

3. 손의 피부살결에 따른 성격과 적성

손의 살결은 사람에 따라 다른데 피부결에 따라 성격과 적성을 판단할 수 있다.

1) 거친 손

품위가 없고 세련미가 없다. 손을 사용하는 거칠고 노동집약적인 일이 잘 맞는다. 육체노동에 적합한 사람으로 농어민, 건설노동직, 일용노동직 등이 많으며 머리를 쓰는 일에는 둔하고 이해성이 부족하여 단순한 일에 적당한 손이다.

2) 부드러운 손

원기가 약하고 활동력과 노동력이 부족하며 화려함과 사치를 좋아한다. 이런 사람은 게을러서 일하기를 싫어하고 신경질적이며 감수성이 강하고 공상적인 면이 있다. 말은 잘하는데 실천력이 부족하고 행동이 뒤따르지 못한다. 온순하고 감성적이므로 학자, 예능인, 사무직 등 머리를 사용하는 부드럽고 정신집약적인 일이 잘 맞는다.

3) 보통의 손

원기 있고 활동력이 왕성하고 인내력 강해서 사회에 잘 적응하는 유형이다. 보편적인 성격으로 거친 손과 부드러운 손의 중간 유형이다. 실무적이고 관리적인 일이 잘 맞는다.

4. 손바닥의 두께에 따른 특성

손바닥의 두께가 두꺼우면 본능적이고 매우 활동적이다. 손바닥이 두껍고 단단하면 행동이 조금 거칠고 실행력이 강하다. 그런데 손바닥은 두꺼운데 부드러우면 감정에 치우치기 쉽고 나태한 면이 있다.

손바닥이 얇으면 지적이며 소극적인 경향이 있다. 그런데 손바닥이 얇아도 딱딱하면 이기적이고 부지런하고 고집이 세며 탐욕적이다. 손바닥이 얇은데 부드러우면 정신적인 면이나 감정적인 면은 강하나 체력적으로는 약하다. 적당한 손의 두께와 탄력성을 지닌 사람은 성실과 근면성을 가진 사람으로 이상적이라고 할 수 있다.

5. 손의 크기에 따른 특성

대체로 손의 크기는 전체 몸집과의 비례로 판단한다. 몸이 크면 손도 크고 몸이 작으면 손도 작아야 하나 그렇지 않은 경우도 있다.

1) 큰 손
몸에 비하여 큰 손을 가진 사람은 손재주가 있고 세심한 경향이 있다. 또한 꼼꼼한 성격으로 소심한 면이 있으므로 큰 사업에는 적당하지 않고 꾸준하고 성실해야 하는 일에 적합하며 주로 참모형의 사람이다.

2) 작은 손
몸에 비해 손이 작은 경우는 성격이 자유분방하여 남의 밑에 있는 것을 싫어하며 세밀한 일을 싫어하고 자신의 능력보다 큰 계획을 세운다. 따라서 생각이나 행동에 실천성이 부족하고 자신이 벌여놓은 일을 수습하지 못하는 경우도 있다. 이런 사람은 경우에 따라서 매우 사납고 난폭한 면을 띠기도 하는데 주로 리더형의 사람이다.

6. 손의 털의 상태

◎ **털이 많은 사람**

남성적인 매력은 좋으나 성격이 급하며 폭력적인 행동을 하기 쉽다. 때로는 군자의 품위와 카리스마가 돋보이며 리더십이 좋고 대인적 기질과 무사의 기질도 있다.

◎ **털이 보통으로 있는 사람**

상식적이며 침착하게 일을 하는 사람으로 끈기 있고 실행력이 풍부하고 실무적인 사람이다.

◎ **털이 전혀 없는 사람**

부드럽고 여성적이나 우유부단하고 매우 신경질적인 성격이다.

◎ **손에 털이 많은 여성**

행동이 대단히 외향적이고 남성적이다. 적극적이고 못 참는 성격으로 남편을 리드한다.

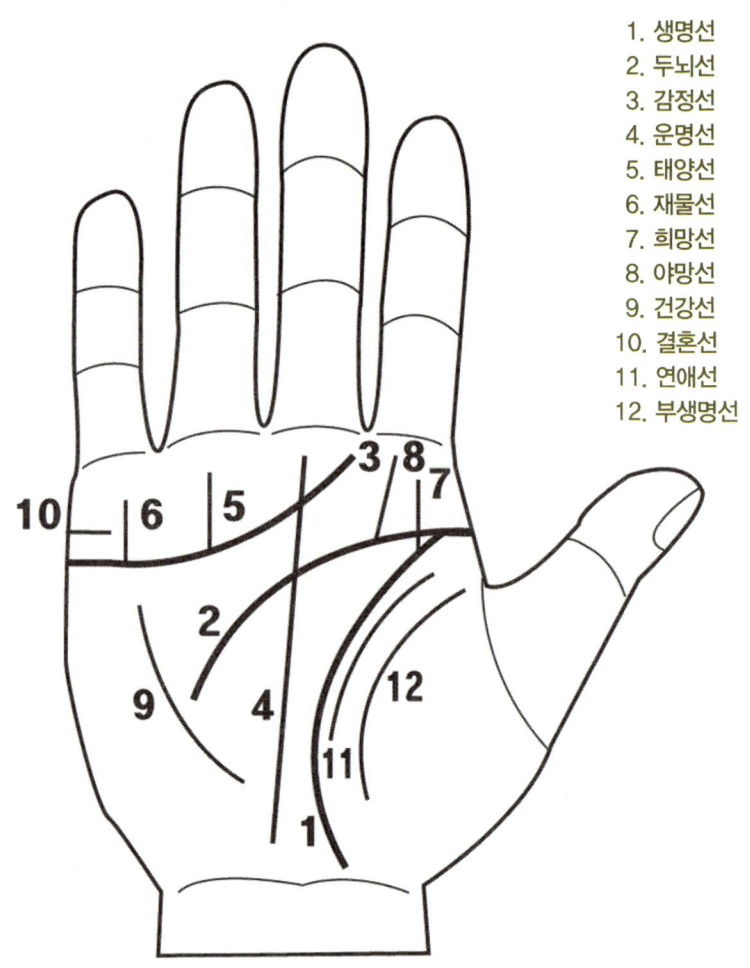

[기본 손금의 명칭]

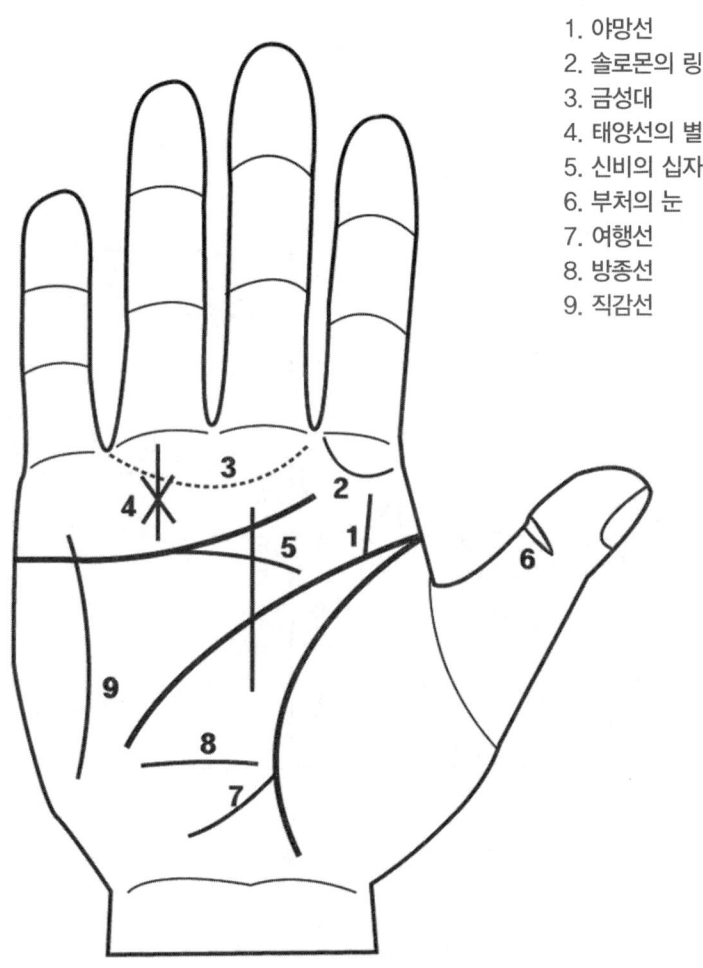

[손의 특수 부호선]

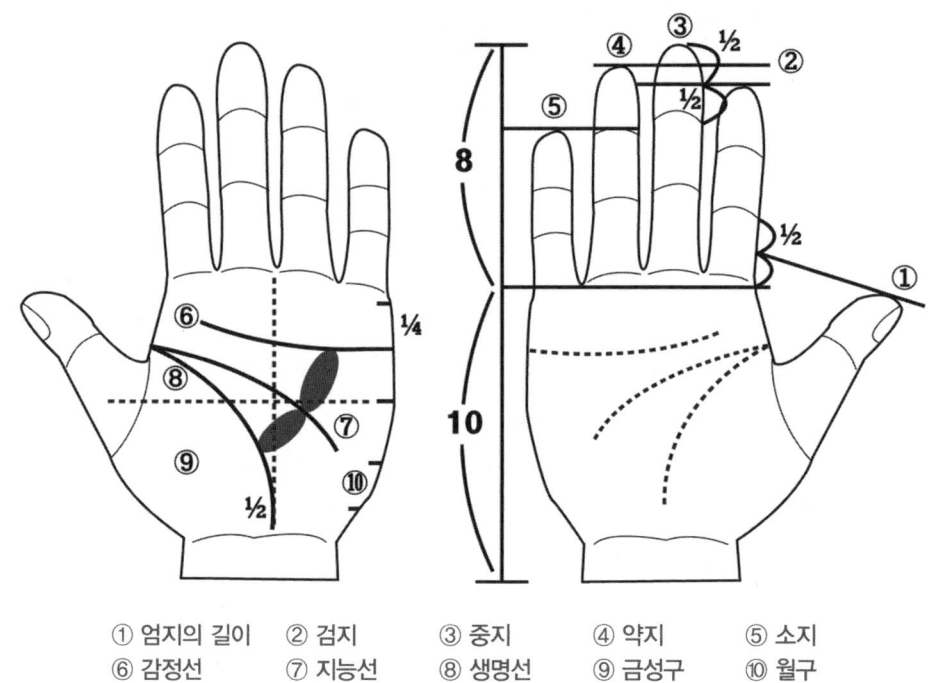

① 엄지의 길이　② 검지　③ 중지　④ 약지　⑤ 소지
⑥ 감정선　⑦ 지능선　⑧ 생명선　⑨ 금성구　⑩ 월구

[정상위치와 길이]

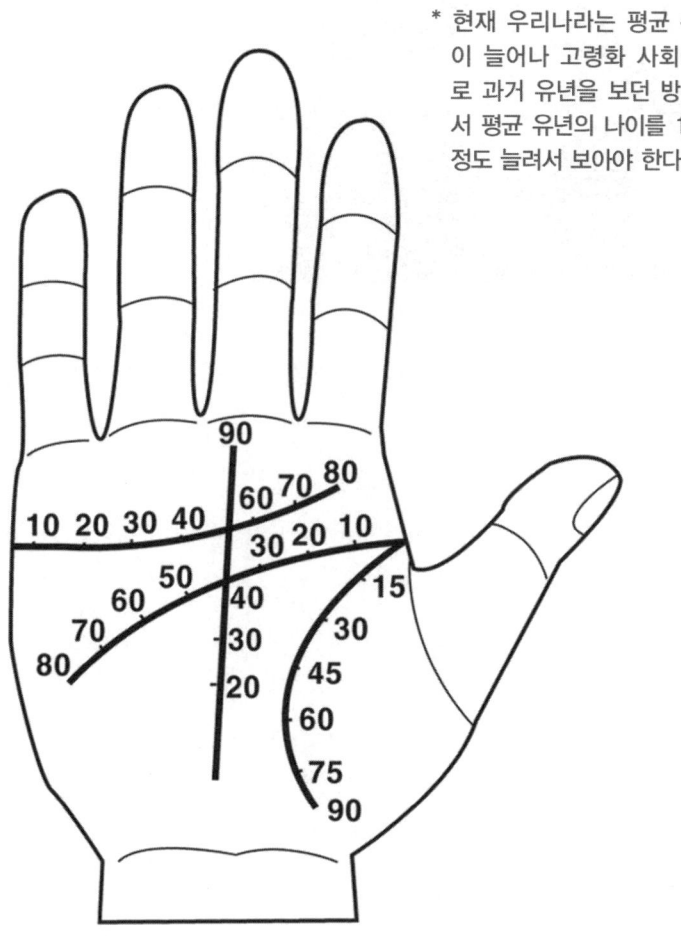

* 현재 우리나라는 평균 수명이 늘어나 고령화 사회이므로 과거 유년을 보던 방식에서 평균 유년의 나이를 10세 정도 늘려서 보아야 한다.

[유년법]

카라바죠의 그림에 나오는 젊은 무사 로메오가 여성점술사에게 자신의 손금을 보여주며 자신이 결투에서 죽는지 아닌지, 어느 길모퉁이에서 누군가 자신을 해치려고 숨어있지는 않은지 운을 묻고 있다. 먼 옛날 유럽에서는 동네 마다 있는 점술가들이 이웃들의 손금을 봐주면서 그들의 운명을 예측해주었었다.

손가락에 따른 기질과 적성

마틴 바인만(Martin Weinman)은 "손이 지배하는 세상에서" 신경생리학적 관찰과 뇌의학적 관찰을 통하여 손이 오늘날의 문명과 창조적 정신을 가능하게 한 원동력이라는 사실을 밝혔다. 그 결과 두뇌 없이 기능하는 손은 없으며, 손의 작용이 없었다면 오늘날의 두뇌 발달도 없었을 것이라는 결론을 내렸다.

인간의 한쪽 손에는 무려 27개의 뼈가 있어 양손 54개로 몸 전체 뼈의 1/4 정도이며 손에는 인체 감각의 1/3이 집중되어 있어 촉각을 비롯해 온각, 냉각, 통각 등을 가장 예민하게 느낀다. 유전자 지도가 작성되고 지구와 대기권 사이에 우주 엘리베이터를 설치한다고 하는 오늘날에도 최첨단 로봇시스템이 가장 간단한 손동작조차 흉내 내지 못한다. 다른 어떤 동물들에게도 손의 편중된 사용, 형태적 비대칭이 나타난 예는 없다. 손사용의 편중성은 역사 문화적인 차원과 관련이 있다.

영국 센트럴랭커셔대학교 심리학과 교수인 존 매닝은, 『핑거북, 나를 말하는 손가락』에서 인간의 신체와 건강, 성격과 성 정체성, 그리고 인류의 진화에 대한 궁금증을 손가락 비율을 단서로 풀었다. 검지가 약지보다 긴 사람은 언어 능력이 발달했고 섬세한 성격을 지녔으며, 약지가 검지보다 긴 사람은 운동능력과 음악적 재능이 발달했고 경쟁적인 성격이라고 한다.

그런데 손가락 길이의 차이는 이것에 그치지 않는다. 손가락에는 건강과 성, 인류의 진화에 대한 수많은 정보들이 담겨 있다. 그 근거는 태아기에 노출되는 성호르몬에 있다. 대부분의 남성들은 약지가 검지보다 긴 반면, 여성은 두 손가락의 길이가 같거나 검지가 더 길다. 손가락 길이는 태내에서 성호르몬의 영향을 받아 형성되기 때문이다. 약지는 남성호르몬인 테스토스테론의 영향을 받고 검지는 여성호르몬인 에스트로겐의 영향을 받아 발달된다.

  2007년 5월 영국의 심리학 저널에 '손가락 길이가 학문의 잠재성을 나타낸다'는 연구결과가 발표되었는가 하면, 미국 국립과학원 회보에는 「두 번째와 네 번째 손가락의 길이 비율을 보면 누가 높은 투자 수익을 올릴 수 있는지 알 수 있다(Second-to-fourth digit ratio predicts success among high-frequency financial traders)」라는 제목의 논문이 발표되어 화제를 모으기도 했다. 이제 손가락에 대한 논의는 전통 수상술 手相術의 범주를 뛰어넘어 진지한 과학적 예측이 된 것이다.

  사람의 성격과 재능은 우선적으로 음양에 따른 성별의 영향을 많이 받는다. 여자들은 감수성이 풍부하고 언어지능이 뛰어난 반면, 남자들은 활동적이며 공간지능이 뛰어나다. 그렇지만 정확히 말하면 이것은 성별이 아니라, 두뇌와 몸이 형성되는 태아기에 어떠한 성호르몬에 더 많이 노출되었는가에 따라 결정된다. 태내에서 남성호르몬인 테스토스테론에 많이 노출된 아이는 남성적인 특성을 갖게 되고, 여성호르몬인 에스트로겐에 많이 노출된 아이는 여성적인 특성을 갖게 되는 것이다. 그런데 이 호르몬의 영향에 따라 검지와 약지의 손가락 길이의 비율이 달라지는 것이다.

  존 매닝은, 『핑거북, 나를 말하는 손가락』에서 손가락 비율로 우리의 몸과 마음이 어떻게 만들어졌는지 알 수 있으며 손가락 비율로 아이의 운동능력과 음악적 재능을 미리 알아보고 손가락 비율로 성인병의 발병 시기를 예측할 수 있다고 하였다. 그리고 동성애자의 손가락에는 독특한 특성이 있음을 밝혔으며 인간의 진화를 손가락 비율로 설명하였다.

손가락 비율은 그 외에도 많은 정보를 제공한다. 약지가 검지보다 긴 남성들이 검지가 약지보다 긴 남성들보다 자녀를 더 많이 두는 경향이 있으며, 여성의 경우 약지가 길수록 남자아이를 낳을 확률이 높다고 한다. 더욱 놀라운 것은 성과 관련된 특성들에 눈을 돌리면 출생 전에 뇌 발달이 어떻게 이루어지는지에 대한 단서들까지 얻을 수 있다는 것이다. 따라서 손가락 비율은 인간의 성격이나 행동 경향은 물론이거니와 왼손잡이나 오른손잡이의 경향, 언어의 유창성과 시공간 지각능력, 자폐증 등과도 밀접한 관계가 있다.

손가락 비율은 튼튼한 심혈관 기능와 시공간 판단 능력, 승부근성이 요구되는 운동인 달리기나 축구 같은 스포츠와도 관계가 있다. 세계적인 축구 강국으로 손꼽히는 브라질 축구선수들 대다수가 남성의 평균 손가락 비율을 훨씬 밑도는 극단적인 남성형 손가락 비율을 가지고 있다고 한다. 남성의 경우 검지가 길수록 심장질환이 발생할 가능성이 높으며, 손가락 비율이 유방암이나 난소암이 발생할 위험률을 알려 주고 게다가 어느 연령대에서 종양이 나타날 가능성이 높은지에 대한 정보까지 제공한다고 하였다.

손가락 비율은 성 정체성과도 밀접한 관계가 있다. 한때 동성애자 커뮤니티에서 손가락 비율을 보고 동성애자인지 아닌지를 알 수 있다는 '게이 판별법'이 유행하기도 했는데, 이것이 손가락 비율 연구자들에 의해 과학적인 신빙성을 얻어가고 있다. 존 매닝은 동성애자들의 손가락 비율을 조사함으로써 그들의 손가락 비율에 어떠한 특이성이 있는지도 검토하였다.

1. 손의 세부분

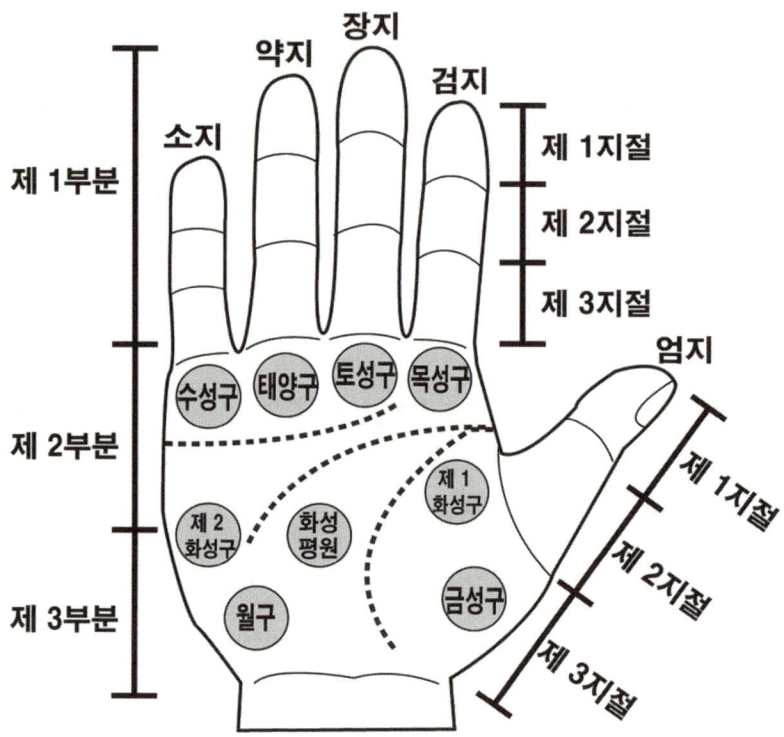

손의 세부분은 손가락의 길이를 파악하는 데 중요하다.

제1부분 : 네 개의 손가락 부분이며 지志, 즉 정신적 지적 영역.

제2부분 : 손바닥 상반부를 말하며 의意, 즉 실제적 행동영역.

제3부분 : 손바닥 하반부를 말하며 정情, 즉 본능적인 부분.

2. 손가락에 따른 기질과 적성

(1) 엄지

무지拇指, 벽지擘指, 대지大指, 거지巨指

손의 형태나 손가락을 통해 그 사람의 성격과 건강을 알 수 있는데 가장 중요한 것은 엄지이다. 엄지는 손가락의 뿌리로 간장과 쓸개의 상태와 부모궁을 나타낸다. 엄지는 첫머리라는 뜻으로 '엄'은 어미와 어원이 같다. 무拇와 벽擘은 엄지손가락이라는 뜻의 한자이며, 대大와 거巨는 엄지손가락이 큰 것에서 유래하였다. 엄지는 넉넉함, 여유, 강건함의 상징이다. 엄지가 잘 발달된 사람은 적극적이고 능동적이며 자신감과 추진력, 경쟁심이 강하다. 엄지는 우두머리를 상징하니 최고라는 자신감과 일등의식이 있을 때는 엄지손가락을 세운다. 이와는 반대로 주먹을 쥘 때 무의식적으로 엄지손가락을 안으로 숨기는 사람이 있는데 이런 경우는 자신감이 없어 매사 수동적이고 소극적인 성격이다.

1) 엄지의 길이와 적성

엄지는 검지의 셋째 마디(3지절)의 중간 정도 길이가 표준이다. 엄지는 사주명리학에서 비겁比劫의 의미가 강한데 추진력, 적극성, 자신감, 능동성, 자기주도성, 자존감 등을 나타낸다. 보통보다 긴 엄지는 우두머리 기질과 경쟁심, 남성적 기질이 강하며 목표가 뚜렷하고 추진력과 적극성을 가진 리더형 사람인데, 너무 길면 완강하여 아집에 빠져 사리에 어두운 면도 있다.

반대로 엄지의 길이가 너무 짧으면 지성보다 감정이 강하고 소극적 참모형으로 독립심이 약한 성격을 띠게 된다. 엄지가 길고 강하면 체질과 체력을 쓰는 일을 잘 할 수 있고 엄지가 짧고 약하면 체질과 체력을 쓰는 일에는 적응력이 떨어진다.

2) 엄지의 마디별 의미

첫마디 : 첫마디가 길고 확실하면 강한 의지력의 소유자인데 지나치게 길면 거만하고 독선적이며 저돌적인 경향이 강하다. 반대로 짧으면 의지력이 약한데 너무 짧으면 의지가 박약하여 활동력이 떨어지고 결단력도 부족하다.

둘째마디 : 판단력, 추리력, 등의 지능 상태를 나타낸다. 이 부분이 길고 확실하면 총명하고 사고력이 발달하는데 지나치게 길면 이론을 좋아한다. 반대로 짧으면 사고력이 탁월하지 못한데 너무 짧으면 상식적인 면에서 보통 사람들보다 뒤떨어진다.

셋째마디 : 3지절은 애정과 정력情力을 나타낸다. 이 부분이 너무 발달한 사람은 정력이 넘치나 자칫하면 애정과 향락에 빠지기 쉽다. 3지절이 약한 사람은 스테미너와 지구력이 떨어진다.

◆ 엄지의 신축성

손가락을 쭉 폈을 때 엄지가 뒤로 잘 휘어지면 사교성이 풍부하고 매사가 원만하지만 돈 씀씀이는 헤프다. 반대로 엄지가 뻣뻣하여 뒤로 잘 젖혀지지 않는 사람은 조심성은 많으나 부드러운 원만함은 부족하다.

(2) 검지

식지食指, 인지人指, 염지鹽指, 집게손가락

검지는 지도력, 야심, 지배욕, 투쟁심, 자신감 등을 나타내며 심장과 소장의 상태와 형제궁을 나타낸다. 검지의 어원은 정확히 알 수 없지만 식지에는 다음과 같은 이야기가 전해진다.

옛날 중국 춘추시대에 송宋이라는 공자가 입궐하는데 갑자기 식지食指가 떨리는 것이었다. 이것을 친구에게 보이면서 전에도 이런 일이 있었는데 맛있는 음식을 먹게 되더라고 하였다. 궁에 들어가 보니 과연 요리사가 커다란 자라를 요리하고 있었다. 두 사람이 서로 미소를 짓자 왕이 그 까닭을 물으므로 식지가 떨린 일에 대하여 말하였다. 이 말을 들은 왕은 장난을 할 생각에 그를 밖으로 내보내 요리를 먹지 못하도록 하였다. 그래도 그는 솥에 식지를 넣어 국물을 맛보고는 물러났다고 한다.

남의 잘못을 지적할 때나 삿대질할 때, 방향을 가리킬 때는 주로 둘째손가락을 쓴다. 엄지가 주로 '나' 위주의 긍정적 생각이라면 검지는 주로 '너' 위주의 부정적 생각을 표현한다. 둘째손가락에는 수양명대장경手陽明大腸經이 있다. 사촌이 땅을 사면 배가 아프다는 말이 있는데 부자가 된 사촌 앞에 상대적 빈곤감을 느낄 때 수양명대장경이 작용한다. 그래서 예로부터 둘째손가락이 너무 길면 가난할 상이라 했다.

그러나 검지가 너무 빈약하면, 혹시 자신이 주변 상황에 너무 흔들리지 않는가, 정도를 망각하고 나태한 삶을 살지는 않는가 하는 마음으로 자신을 돌아볼 필요가 있다.

1) 검지의 길이와 적성

검지의 길이는 중지의 첫마디 1/2 지점이 표준이다. 검지는 사주명리학에서 관성官星의 의미를 강하게 나타내는데 규정과 룰, 준법정신, 도덕성, 자기통제력, 정확한 판단, 분별력 등을 나타낸다. 검지는 자부심, 명예욕, 사회적 노력 등을 나타내므로 검지가 긴 사람은 의지가 강하고 생활신조가 뚜렷하며 발전가능성이 많은 사람이다. 그러나 너무 길면 자신감만을 믿고 안하무인으로 행동하기 쉬우니 주의하여야 한다.

반대로 검지가 너무 짧거나 약한 사람은 위의 기질이 필요한 법조계나 공무원, 대기업의 임원 등에는 적절하지가 않다. 표준보다 길고 굵은 검지는 권력을 좋아하고 자신감, 지배욕, 지도력 등이 강한 성격을 나타내고, 표준보다 짧은 검지는 힘들거나 규제에 따르는 일을 싫어하고 자유분방한 성질을 나타낸다. 그러나 짧아도 손이 두터우며 손가락 끝이 비형으로 되어 있는 사람은 충분히 지도력과 리더십이 있다.

2) 검지의 마디별 의미

첫마디=제1지절 : 첫마디가 길면 어학능력, 신앙심, 직감력 등이 좋고 반대로 짧으면 판단력이나 분별력이 모자라고 회의적인 경향이 있다. 이 지점이 크고 비대하면 독실한 신앙심을 갖고 있음을 나타낸다.

둘째마디=제2지절 : 둘째마디가 길고 모양이 명확하면 야심이 있고 지배욕과 향상심이 강한 성격이다. 표준보다 짧으면 노력을 많이 하여도 사회적으로 크게 성공할 수 없다.

셋째마디=제3지절 : 셋째마디가 길고 크면 왕성한 권세욕과 지배욕이 있다. 보통보다 짧으면 소심하고 내성적인 성격으로 금욕자나 고행자와 같은 사람이다.

(3) 중지

> 장지長指, 장지將指, 가운데 손가락

자신의 중심을 상징하는 손가락인 중지는 토성구에 뿌리를 두어 운명을 상징하기도 하며 관념적인 면과 고독, 사색, 통찰력을 나타내고 비장과 위장의 상태와 자지자신을 나타낸다. 중中은 가운데에 있어서, 장長과 장將은 길고 우뚝 선 모양에서 유래하였다. 셋째 손가락에는 지성리듬인 수궐음심포手厥陰心包 경락이 있다. '심보를 잘 쓰라'는 말도 있는데 심포경락은 지식의 창고에 해당한다.

중지가 잘 발달된 사람은 지식이 풍부하고 기억력이 좋다. 가운데 손가락이 유난히 긴 사람들은 대체로 지성리듬이 발달되어 학문적인 소질이 다분하다. 셋째 손가락 끝 중충혈을 손톱으로 눌러주면 기억력 증진에 상당한 효과가 있다. 외우기가 싫어질 때 누르면 공부하고 싶은 마음이 절로 생기고 머리에도 쏙쏙 들어온다.

건망증이나 알츠하이머, 치매증상에도 곧잘 이 경락을 이용한다.

1) 중지의 길이와 적성

중지의 길이는 손바닥의 4/5 정도가 정상이다. 중지는 사주명리학에서 인성印星의 의미가 강한데 중지가 잘 발달하고 길이가 표준형이면 깊은 사고와 통찰력, 학습수용력, 인지력 등으로 사리분별이 뚜렷하고 신중하다. 중지가 다른 손가락에 비해 길게 발달한 사람은 고독을 즐기며 철학이나 종교 같은 것에 관심이 많고 신중하며 연구와 독서에 열정적이다.

그러나 중지가 지나치게 길면 '생각하는 로댕' 처럼 외로움을 느끼며 게으르고 우울해하고 염세적인 경향을 띤다. 반면 표준 이하로 짧은 중지는 은근과 끈기가 부족하고 또 그 길이가 지나치게 짧으면 히스테리를 자주 부리며 지적 탐구심이 부족한 성격의 소유자이다.

중지가 휘어져 있으면 두통증세가 있다. 그러므로 중지가 긴 사람은 내향적이며 사무행적적인 일이 잘 맞고, 짧은 사람은 외향적이며 현장 활동적인 일이 잘 맞는다.

2) 중지의 마디별 의미

첫마디 : 표준 이상으로 길고 크면 내향적으로 신중하고 세심한 성격이고, 표준 이하로 짧으면 인내력이 약한 급한 성격이다. 이 부분이 얇은 모양이면 회의적인 마음이 강하다.

둘째마디 : 표준 이상으로 길면 학문, 문학, 교육, 저술, 농경, 원예 등을 좋아한다. 그런데 지나치게 길면 빈곤과 인색한 성질을 나타내기도 하고 어려움과 고행을 좋아하는 일면도 있다.

셋째마디 : 셋째 마디가 길면 경제적 욕심, 현실에 대한 불만도가 높다.

(4) 약지

무명지無名指, 약손가락

약지는 태양구가 상징하는 예술이나 명예 또는 인기를 나타내는 손가락으로 폐·대장의 상태와 배우자궁을 나타낸다. 그러기에 결혼반지를 약지에 끼는데 원래는 이름이 없다고 하여 무명지라고도 불려졌다.

이 손가락은 한의학에서 심장과 연결되어 있다고 믿어 독이나 해로운 물질이 있으면 약지에 증세가 나타난다고 생각한다. 따라서 약을 저을 때는 무명지를 사용하는데 이러한 연유로 약지藥指라는 명칭이 붙여졌다.

넷째 손가락으로 흐르는 경락은 지식을 저장하는 셋째 손가락의 경락과는 반대로 지식을 배설하는 망각에 관여한다. 이를 수소양삼초경手少陽三焦經이라 한다. 중지의 심포心包경락을 '지식의 위장'이라고 한다면 약지의 삼초三焦경락은 '지식의 대장'이라 할 수 있다.

복잡한 생각과 문제들을 잊어버리고 머리를 쉬는 것은 매우 필요한 일이다. 담배, 마약, 수면제 등에 의존하거나 꿈이 어지러운 사람은 대체로 과거의 나쁜 기억으로부터 해방되지 못한 사람으로 망각의 통로, 즉 삼초경락이 약한 사람이다. 그래서 불면증 등으로 고생을 하는 사람들은 넷째 손가락을 자극하면 효과가 있다. 약지가 발달한 사람은 대체로 머리를 쓰는 일에 약한 것에 반하여 오히려 매우 특별한 개성을 지니고 있는 경우가 많다.

약지에는 예술성, 번뜩이는 아이디어와 창조력이 담겨있다. 약지가 발달한 사람은 순수하며 재치와 유머감각이 발달되어 있으며 예체능계적 소질이 강하다.

1) 약지의 길이와 적성

약지의 길이는 중지 첫마디의 1/2 지점보다 약간 위에 이르는 것이 표준이다. 약지는 사주명리학에서 식상食傷의 의미가 강한데 약지가 잘 발달하면 인기가 있고 연애도 잘하고 위트 있고 재미있고 음악, 미술, 무용, 사업, 영업 등에 재능이 있고 의욕이 강하다. 약지는 친화력, 언변, 표현력, 미적 감각 등을 나타낸다. 약지가 표준보다 길면 언행이 다른 사람에 비하여 튀는 편이고 활동적이어서 예체능계 분야에도 뛰어난 재능과 적성을 보인다.

그러나 이 손가락이 너무 길면 금전욕이 과도하여 문제가 되는 경우도 있다. 반대로 약지가 너무 짧으면 미적 분야에 대한 관심이 없고 열정과 활기가 약하며 대인관계가 원만치 못하고 재미없어 인기가 없고 주변에 사람이 모이지 않는다. 약지는 인기, 명예, 행운, 성공의 의미를 나타낸다.

2) 약지의 마디별 의미

첫마디 : 첫마디가 길면 유행에 민감하며 예술적 취미가 강하고 끝이 비대하면 성적인 욕망이 강함을 나타낸다.

둘째마디 : 둘째마디가 길면 예술적 재능과 예술분야에서의 성공 가능성과 사회적 성공을 나타내며 비대하면 실리적인 면이 강하다

셋째마디 : 셋째마디가 길면 길수록 영적인 면이나 허영심이 강하고 행운이나 물질적 성공을 암시한다. 이 부분이 표준 이하로 짧으면 경제적 성공과는 반대의 의미를 지닌다.

(5) 소지

계지季指, 새끼손가락

소지는 수성구가 상징하는 수학적, 과학적인 재능, 재물운, 언변 등의 의미를 나타내는 손가락이다. 소지는 신장 방광 자궁의 상태를 나타내며 자식궁을 나타낸다. 가장 작고 끝에 있으므로 작을 소小, 끝 계季, 새끼라는 이름이 붙었다.

새끼손가락은 통상 애인이라는 뜻으로 통한다. 그 이유는 새끼손가락 안쪽으로 흐르는 경락이 심장에서 흘러오는 소음경락이기 때문이다. 심장모양의 하트 문양이 사랑의 상징이고 누군가를 사랑하면 심장이 두근두근 거리듯 새끼손가락으로 흐르는 수소음심경手少陰心經은 사랑과 예술의 감성리듬이다.

그래서 새끼손가락이 길고 수려하게 잘 발달되어 있으면 예술가적 소질이 강한 사람일 가능성이 높다. 수소음심경은 예술적 재능과 자기애, 미적 감각과 신명의 기운에 해당한다. 아름답고 매혹적인 이성을 볼 때의 두근거림, 사춘기 소녀들의 명랑함, 적당히 멋 부릴 줄 아는 미적 감각 등이 바로 수소음심경의 긍정적 에너지이다.

1) 소지의 길이와 적성

소지는 약지의 첫째마디와 둘째마디의 경계선에 이르는 것이 표준이다. 소지는 사주명리학에서 재성財星의 의미가 강한데 소지가 표준보다 길고 크면 표현력과 언변이 뛰어나고 상술이 좋으며 이재능력이 발달해 있다. 그러나 지나치게 긴 소지는 사기, 허위 등의 부정적인 면을 나타내며 표준 이하로 짧은 소지는 매우 현실적이며 주변 환경이나 사태에 대한 적응능력이 빠른 것을 의미한다.

소지는 외교력, 기지, 수리력, 공간지능, 평가지능 등을 나타낸다. 그러므로 소지가 긴 사람은 재무관리능력이 뛰어나므로 재물운이 있는 사람이다. 그러나 너무 지나치면 탐욕으로 물들기 쉬워 주의하여야 하며, 반대로 소지가 너무 짧은 사람은 사업적 소질이 약하거나 구두쇠 기질이 있다. 소지가 정상 길이 이상이라야 재무, 회계, 경제, 경영, 세무, 수학, 이공계 등에 적성이 높고 소지가 짧으면 위 분야에 적성도가 떨어진다.

2) 소지의 마디별 의미

첫마디 : 첫마디가 표준 이상으로 길면 언어적 능력, 논리적 설득력이 강하고 수학과 과학 등 연구를 좋아하는 성격이다. 짧으면 부정하고 태만한 성질을 나타낸다.

둘째마디 : 긴 경우는 인내력과 사고력을 의미하지만 짧은 경우는 재능이 모자람을 뜻한다.

셋째마디 : 성공의 가능성을 나타내는 셋째마디는 근면성을 나타내나 지나치게 길면 오히려 사기나 허위 등의 부정적인 면을 나타낸다.

> 영어에서 Finger는 엄지손가락을 제외한 4개의 손가락만을 지칭하며, 엄지손가락은 따로 thumb라고 한다. 둘째손가락은 Index Finger 또는 Second Finger, 셋째 손가락은 Middle Finger 또는 Third Finger, 넷째 손가락은 Ling Finger 또는 Fourth Finger, 새끼손가락은 Little Finger 또는 Fifth Finger라고 부른다.

3. 손가락의 관절마디에 따른 특성

1) 뼈가 굵은 관절마디

관절마디의 뼈가 굵고 높은 손가락은 이성理性이 강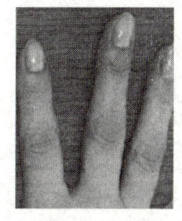
하다. 사리가 분명하여 작은 것도 세밀하게 따지는 성
격으로 부드러운 대인관계에는 조금 어려운 면이 있다.
첫마디가 굵은 것은 머리가 좋은 것을 나타내고, 둘째
마디가 굵은 것은 신경질적인 면을 나타낸다. 첫째와 둘째 마디가 다 굵은
사람은 이성적인 지능은 우수하나 조금은 신경질적인 면이 있다.

2) 매끈한 관절마디

관절마디가 매끈한 사람은 대체로 감정적이고 직감적이며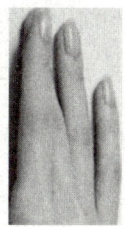
예술성과 재능 미적 감각 등은 좋지만 현실적인 면이 부족하
다. 첫마디가 매끈하면 특히 직감력이 매우 좋고 영적 능력이
있다. 이러한 손의 소유자는 성격이 부드럽고 명랑한 성격으
로 사교성이 좋다.

4. 엄지손가락의 유형에 따른 특성

손에서 엄지는 대단히 중요하다. 미국의 포인소트는 "엄지는 의지력과

생활력의 상징이다"고 했으며 프랑스의 다르팡티느는 "엄지손가락은 인간의 개성을 말해준다"고 했으며 "인간의 엄지손가락은 그 사람의 지능에 따라 차이가 난다"고도 주장했다. 엄지가 나쁘면 다른 손가락이 아무리 좋더라도 그 길吉한 의미가 반감된다. 그러므로 수상을 볼 때는 먼저 엄지부터 본 후 대체적인 감을 잡는 것도 중요하다.

(1) 엄지의 일곱 가지 유형

1) 장방형

장방형은 첫째마디와 둘째마디가 균형을 이루고 있는데 머리가 좋고 다방면에 재능이 있으며 대인관계에 탁월한 능력을 발휘한다. 정치인, 외교관, 사업가, CEO 등에서 많이 볼 수 있는 형이다.

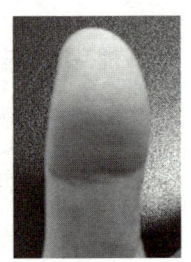

2) 곤봉형

엄지손가락 끝에 살이 많고 곤봉과 같이 둥글게 발달한 형은 투기심이 강하고 완고하고 횡포스럽고 호색하며 자기주장을 앞세우는 경향이 있다. 지능에 비하여 눈치가 대단히 빠른 특유한 개성을 가진 사람이다. 이런 손가락은 범죄자들에게서 흔히 볼 수 있다.

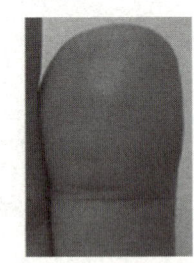

3) 단강형

손톱이 있는 첫마디가 짧은 단강형은 독립심이 강하고 활동력이 좋은 노력형이다. 주로 공장의 기술자들이나 운동선수의 손에서 많이 나타난다.

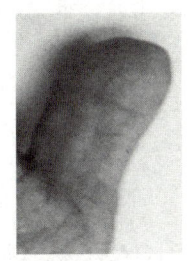

4) 단구형

단구형은 손가락 마디가 짧으며 엄지의 끝이 폭이 넓고 살집이 단단하다. 고집이 세고 융통성이 없으며 구두쇠 기질이 강하여 지출을 대단히 싫어한다. 자수성가한 사람들을 많이 볼 수 있다.

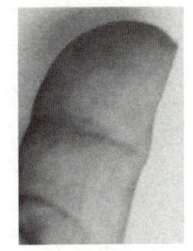

5) 사두형

사두형은 엄지손가락 끝이 그림과 같이 뾰족하게 되어 있다. 대체로 성격이 냉정하여 자기 일은 자기가 하는데 반하여 타인을 도와주는 성품을 지니고 있지는 않다. 개성이 뚜렷한 노력가로 언제나 바쁜 생활을 한다.

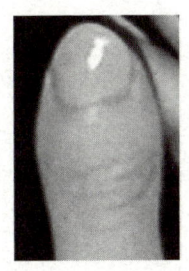

6) 유선형

유선형은 대체로 손가락의 끝이 매끈하게 뻗었다. 이상을 추구하는 사람이 많으며 연구하기를 좋아하고 실무적 육체노동보다는 구상과 계획을 하는 정신분야에 소질이 있다. 이러한 손가락은 연구가나 학자들의

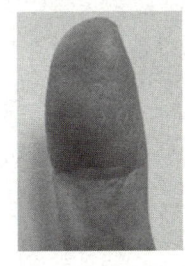

손에서 많이 볼 수 있다.

7) 세장형

세장형은 손가락이 가늘고 길다. 성격은 단순하고 사치성이 강하며 남에게 의지하기를 좋아하므로 변덕스럽고 일처리가 우유부단하고 게으른 면도 있다. 감수성이 높은 편이며 주로 미인들이 많은데 예능과 예술 방면에 재능을 나타낸다.

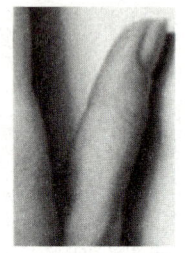

5. 손가락과 육친관계

손가락 모양으로 그 사람의 육친관계를 알 수 있다. 엄지손가락은 부모를 나타내는데, 왼손이 아버지, 오른손이 어머니이다. 왼손 엄지손가락이 크게 다치거나 잘려나갔을 때는 친가쪽으로 안 좋은 일이 생긴다. 또 검지는 형제와 타인, 중지는 나, 약지는 배우자, 소지는 자식에 해당한다. 해당 손가락의 발달 정도와 그 해당 부위의 사람이 본인의 인생에 미치는 영향력의 크기는 비례한다. 엄지가 잘 발달하면 부모덕이 있고, 소지가 잘 발달하면 자식덕이 있는 것이다. 또 중지를 중심으로 각 손가락의 휘어진 방향을 보고 해당 육친과의 친밀도나 관계 등을 가늠하여 볼 수가 있다. 예를 들어 엄지나 검지가 중지의 반대 방향으로 휘어져 나갔다면 그 사람의 부모나 형제들과는 인간관계가 소원한 것이다.

구(丘)에 따른 기질과 속성

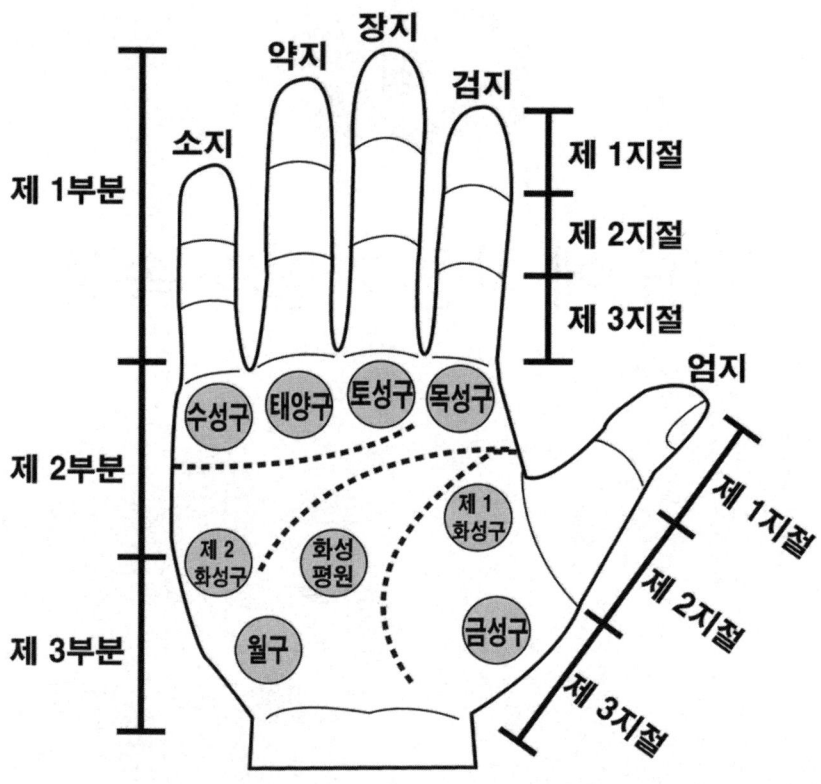

[구(丘)의 위치]

1. 구(丘=언덕)의 의미

구(丘)는 손바닥에서 손가락의 뿌리가 표면으로 솟아오른 부분을 말한다. 구(丘)의 면적이 넓고 두툼하고 적당히 탄력이 좋으면 잘 발달된 것이고, 잘 발달된 구(丘)는 좋은 기운이 강하다. 구(丘)가 오목하면 본래 구(丘)가 의미하는 좋은 기질의 반대이며 과도하게 발달된 구(丘)는 오히려 나쁜 성질을 띤다. 굵고 긴 손가락은 바로 그 아래의 구(丘)가 잘 발달하고 있는 것과 같은 의미이며 특정 구(丘)가 잘 발달해 있다면 그 구(丘)에서 나온 손가락의 기운이 강한 것이다. 구(丘)는 선천적인 내면의 기질을 나타낸다. 그러므로 손 운동 등으로 인해 구 본래의 모양이나 형태는 잘 변하지는 않는다. 수상학에서는 어느 선線이 어느 구(丘)에서 시작하고 끝나는가가 매우 중요하다.

2. 각 구(丘)의 특징적 의미

(1) 금성구金星丘 = **활동본능을 관장**
체력과 건강, 스테미너, 독립심, 온정, 애정, 화합, 동정動靜, 관용, 생식능력, 매력, 향락, 성적 에너지, 추진력, 자신감
▶ 금성구 발달 : 다정다감하고 열성적인 활동가

(2) 목성구木星丘 = 서열본능을 관장

준법성, 지도력, 규정, 룰, 원칙에 따른 리더십, 명예, 공명심, 권세욕, 단체생활 속의 자기중심성, 자만심, 오만, 횡포, 허영

▶ 목성구 발달 : 지도력과 카리스마의 권력가, 야망가

(3) 토성구土星丘 = 기록본능을 관장

침착, 사려思慮, 사색과 통찰, 이해력, 문장력, 근면, 철학적, 종교적, 신비주의, 신중함, 고독, 우울, 비사교성, 염세, 불운, 게으름

▶ 토성구 발달 : 내향적 연구가이자 학자, 종교가

(4) 태양구太陽丘 = 생산본능을 관장

명랑, 인기, 친화력, 예술, 성공, 감수성, 창조력, 열정, 다재다능, 성공과 명성, 찬스 포착, 재치와 기지, 자기 표현력, 화려한 언변, 재능과 사업수완, 미적 감각

▶ 태양구 발달 : 대중적인 인기가 많고 재능이 뛰어난 예능인

(5) 수성구水星丘 = 소유본능을 관장

지혜, 외교력, 상업적 재능, 사교성, 사업적 이재능력, 의사전달능력, 협상력, 수리능력, 가치 환산능력, 언변, 날카로운 비판 능력

▶ 수성구 발달 : 사업적 능력이 탁월한 수완가

(6) 월구月丘 = 편인성

공상, 상상, 신비로움, 고급 취향과 색채감각, 고상함, 영감, 창의력, 시와

글쓰기, 신비주의, 이상주의, 미신적 성향, 4차원적 사고, 나태함과 권태

▶ 월구 발달 : 성격과 사고관이 특이한 공상가, 여행가

(7) 화성평원火星平原

원기元氣, 대담함, 저항력

▶ 화성구 발달 : 행동이 적극적이고 저돌적인 의리파

(8) 제1화성구火星丘

용기, 투쟁, 진취, 의지력, 외면적 용기, 끈기, 적극성, 성급함, 야만, 폭력성, 육체적 용기

▶ 제1화성구 발달 : 투쟁적, 적극적인 다혈질

(9) 제2화성구火星丘

대담함, 저항력, 의사력, 인내력, 극기심, 자제력, 침착성, 내면적 강인함. 정신적 용기

▶ 제2화성구 발달 : 배짱과 의협심이 강한 침착하고 점잖은 사람

3. 각 구(丘)의 구체적 기질과 직업적성

(1) 금성구

▶ 금성구는 체력과 건강, 생식능력, 온정, 관용, 애정, 화합, 매력, 성욕, 향락, 재물 등을 나타낸다.

▶ 금성구가 잘 발달한 사람은 명랑하고 활달한 성격의 소유자로 다정다감하고 동정심도 많다.

▶ 금성구가 잘 발달하면 주위의 호감을 사는 편이니 남녀 모두 매력적이며 조혼(早婚)을 하는 수가 많다

▶ 매사 긍정적으로 세상을 살며 사람들과 어울리기를 좋아하나 주변 환경의 영향을 받기 쉽고 충동적인 단점이 있다.

▶ 금성구가 너무 발달한 사람은 생식기 계통의 병과 부인과질환 등에 주의하여야 한다.

▶ 지나치게 발달한 금성구는 욕정과 변덕이 심한 사람이다. 금성구가 잘 발달하지 않은 경우는 스테미너가 부족하고 자기주장이 없으며 신체활동이 둔하다.

▶ 금성구가 잘 발달하면 활동본능이 강하여 음악, 무용, 체육, 예술, 예능, 육체노동 등 체질과 체력을 활용하는 방면에 소질이 있다.

▶ 금성구가 발달한 사람의 직업으로는 외교관, 군인, 상인, 운동선수, 음악가, 무용가등 예체능방면이 좋다.

(2) 목성구

- ▶ 목성구는 명예욕, 자부심, 지도력, 권력, 향상심, 리더십 등의 좋은 의미와 독선, 오만, 이기심, 폭력, 허영심 등의 나쁜 의미가 있다.
- ▶ 목성구가 잘 발달된 사람은 씩씩하고 정직하며 자신감이 있다.
- ▶ 빈약한 목성구는 지도력과 일관성이 부족함을 나타낸다.
- ▶ 지나치게 발달한 목성구는 오만하고 극단적인 지배욕에 빠지기 쉬우며 성욕과 폭음폭식 등으로 방종할 수 있고 건강을 해친다.
- ▶ 목성구가 잘 발달하면 서열본능이 강하여 남위에 나서기를 좋아하며 향상심(向上心)에 불타 실행력도 뛰어나다.
- ▶ 목성구가 잘 발달된 사람은 정치가, 군인, 경찰, 법관, 고급관리, CEO, 외교관, 종교지도자, 등 리더십과 활동력, 통솔력, 도덕정신, 원리원칙과 법 개념이 필요한 직업에 적합하다.

(3) 토성구

- ▶ 토성구는 사려, 신중함, 냉정성, 침착성, 절제심, 생각, 사고, 고독, 게으름, 나태함을 의미한다.
- ▶ 토성구가 잘 발달한 사람은 느리긴 하지만 끈기 있게 일하는 스타일로 뒤늦게 빛을 발한다. 사치와 화려함을 싫어하고 사교성이 없고 보수적이며 소극적이다.

▶ 토성구가 너무 발달한 사람은 사리분별을 잘하며 깊은 사색과 통찰을 하나 사상적으로 배타적이기 쉽다.

▶ 다른 丘는 약한데 토성구만 유독 발달한 사람은 대단히 편향적인 사상과 사고를 가졌고, 고독의 극단까지 갈 수 있어 엉뚱한 일을 저지를 수 있다.

▶ 토성구가 발달한 사람은 기록본능이 강하여 사교성이 크게 필요치 않은 시, 문학, 소설, 역사, 철학, 종교, 역학 등 정신적인 방면의 두뇌를 활용하는 직업이 잘 맞는다.

(4) 태양구

▶ 태양구는 예술적 소질과 미적 감각, 친화력, 재치와 기지, 감수성, 뛰어난 언변, 설득력, 직감력, 모방과 창조력, 명랑, 열정, 성공과 명성, 찬스포착, 사업수완 등을 나타낸다.

▶ 태양구가 너무나 발달하면 허영심과 사치가 심하고 자신의 감정에 집착하는 경향이 강하다.

▶ 평편하거나 오목한 태양구는 예술성이 부족하며 평범한 인생살이를 한다.

▶ 태양구가 너무 발달한 사람은 심장병, 눈병 등에 주의하여야 한다.

▶ 태양구가 잘 발달된 사람은 생산본능이 강하고 감수성이 뛰어나 음악, 미술, 무용, 회화, 문학 등 예술 예능적 재능을 활용하는 분야나 미적 감각을 활용하는 분야, 끼와 재능을 활용하는 연기자, 배우, 아나운서, 리포터 등에 적합하고 사교성이 뛰어나 인기직업에 잘 맞는다.

(5) 수성구

- 수성구가 잘 발달한 사람은 목표의식이 강하고 열정적이며 사람을 다루는 지혜와 요령, 사교성이 좋아 사업이나 상업에 유리하며 물질적으로 풍요롭다.
- 지나치게 발달한 수성구는 소유본능이 너무 강하여 부정과 불신, 사기성의 기질이 있다.
- 약한 수성구를 가진 사람은 이재 취재 능력이 모자라 돈벌이에 서툴고 민첩성이 부족하다.
- 수성구와 소지는 여자에는 자식이고 남자에게는 부인이다. 수성구와 소지가 미약하면 남녀 모두 성기능이 약하고 성적 매력이 없어 애정관계가 원만치 않은 예가 많다.
- 수성구는 인체의 70%나 되는 수분과 관계가 있는 곳이다. 수기(水氣)가 부족하여 건조한 사주는 수성구의 새끼손가락이 짧던지 수성구의 발달이 없거나 좁다. 수성구는 특히 재물과 깊은 관계가 깊다.
- 물은 생명의 근원이다. 많아도 안 되고 부족하면 병이니 이곳을 잘 다스리는 것이 건강장수의 비결이며 행복한 결혼 생활에 중요한 요소이다, 수성구가 너무 발달한 사람은 손발의 병과 위장병에 주의해야한다.
- 수성구가 발달한 사람은 수리력, 과학적 사고력, 종합구성력, 탐구력 등이 뛰어나 재무, 회계, 경제, 경영분야나 이공계, 법조계, 과학계, 화공분야, 건축 건설분야, 무역, 상업계통 등에 적응도가 높다.

(6) 월구

- 육체적인 특성을 관장하는 금성구와 반대편에 위치한 월구는 정신적인 특성, 즉 상상력, 추리력, 공상력을 관장한다.
- 월구는 태양구의 예술성과는 달리 공상, 상상, 이상세계, 변덕, 꿈, 영감, 신비주의 등의 특징이 있다.
- 월구가 너무 발달된 사람은 우울하고 냉담하며 이기적이고 게으르다. 계획은 무성하지만 실행력이 없는 공상가들이 많으며 예술방면에 재능을 보일 때가 있으나 공상에서 나온 경우이므로 성공운이 일정치 않다.
- 여성의 경우 내향적인 여성미로 남성의 호감을 사지만, 월구가 너무 발달한 경우 극단적 가학주의와 냉담함, 이기심이 있고, 이성 관계에서도 육체적 성욕은 약하지만 새로움에 이끌려 상대를 자주 바꾸는 경향이 있다.
- 월구가 발달한 사람은 운명가, 철학자, 승려, 종교인, 문인, 시인, 사상가, 정신과 등 철학적, 종교적, 정신적인 직업이 좋다.

(7) 제1화성구

- 제1화성구는 용기, 끈기, 의지력 등의 적극성을 나타낸다.
- 제1화성구가 잘 발달한 사람은 성격이 거친 듯하나, 인내력이 있고 행동이 적극적이며 돌진형이다.
- 제1화성구가 지나치게 발달한 사람은 성격이 거칠고 싸움을 좋아해 시비, 다툼, 폭력사고 등의 위험이 있다.
- 제1화성구가 빈약한 사람은 소심하고 겁이 많다.

(8) 제2화성구

▶ 제1화성구가 외면적 적극성과 용기를 표현한다면 제2화성구는 인내심, 극기심, 침착성 등의 내면적 대담성 말해준다.

▶ 이곳이 발달하지 않으면 성격이 나약한 사람이다.

▶ 제2화성구가 지나치게 발달한 사람은 성격이 완고하여 사리에 어둡고 집요한 성격의 소유자다.

(9) 화성평원

▶ 손바닥 중앙의 오목한 부분을 화성평원이라고 한다.

▶ 사방의 구가 부풀어 있으므로 화성평원은 오목해 보이는데 지나치게 오목하거나 어느 한쪽이 발달되지 않아 한쪽으로 흐르는 모양으로 되어 있는 경우는 운세가 없고 생활력이 부족하여 큰 재물이 붙어 있지 않는다.

▶ 지나치게 오목한 화성구는 아무리 노력하여도 큰 성공을 거두기 어려우며 어느 정도 성공을 이루어도 갑작스런 실패나 외부의 방해 등으로 생각지 못한 사태에 빠지는 등 파란만장한 인생을 겪을 수 있다.

▶ 반대로 이곳이 발달하여 솟아오른 모양은 투쟁적인 정신과 오만한 성격을 나타낸다.

손에 관한 제언

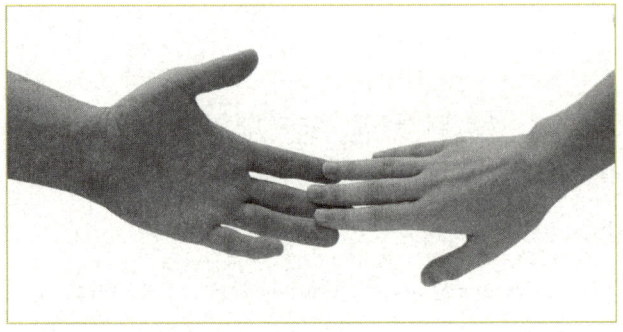

첫째, 손을 항상 깨끗이 씻고 사랑합시다.

둘째, 박수를 자주 크게 치고 악수는 정성껏 합시다.

셋째, 작업할 때, 추울 때는 반드시 장갑을 껴서 손을 보호합시다.

넷째, 어려운 사람의 손을 잡아주고 남에게 손가락질 하지 맙시다.

다섯째, 상사에게 두 손을 잘 비비고 부하에게 엄지손을 세워줍시다.

여섯째, 남의 손목을 비틀지 말고 약자에게 손찌검을 하지 맙시다.

일곱째, 손을 항상 따뜻하게 하고 손 운동을 자주 합시다.

여덟째, 손톱관리를 잘 해주고, 손수건은 좋은 것을 씁시다.

아홉째, 늘 두 손 모아 기도하며 배우자의 손을 잡고 잡시다.

손톱에 따른 특성

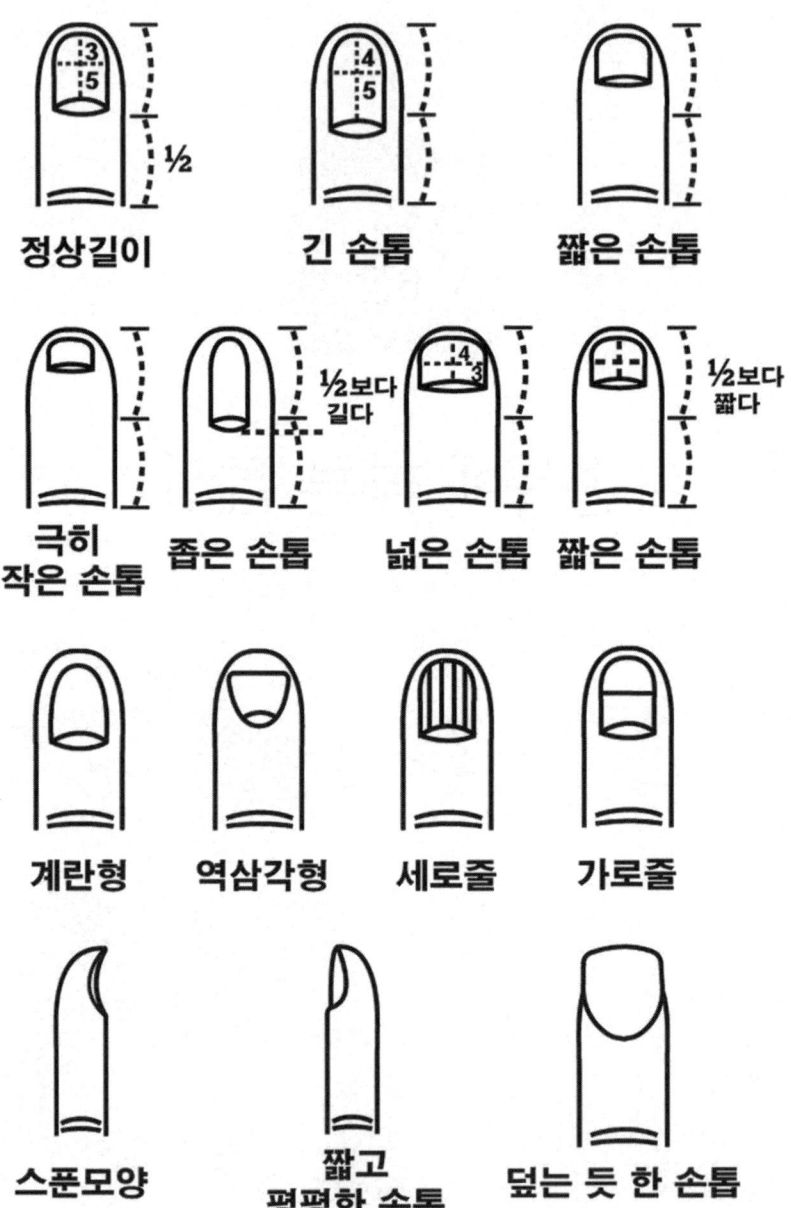

[손톱의 모양]

1. 손톱이란?

손톱은 피부의 맨 바깥에 있는 각질층과 마찬가지로 머리털, 피부 등 상피구조의 기본을 형성하는 케라틴keratin이라는 단백질로 되어 있다. 손톱은 모근을 싸고 있는 내·외층의 피막인 모낭이나 땀샘, 피지선과 같은 피부 부속물의 일종으로 건강과 밀접한 관계가 있다. 몸의 건강이 나빠지면 손톱에 변화가 나타나기 때문에 손톱의 상태로 건강을 짐작할 수 있으며 손톱의 상태에 따라서 성격도 판단할 수 있다. 건강한 사람은 손톱이 윤택한 반면 건강이 나쁜 사람은 손톱의 빛깔이 흐리고 보기 싫게 줄도 나 있다. 손톱은 피부의 연장으로 오장육부의 상태를 나타낸다.

손톱은 과거 원시시대에는 생존수단으로써 매우 중요한 역할을 했다. 그러나 손톱은 문명의 발달과 함께 그 생존수단으로서의 기능은 퇴화되고 오늘날에는 미용과 치장의 대상이 되었다. 최근에는 손톱이 자신의 아름다움을 표현하는 한 방법으로 각광을 받으며 네일아트를 하는 사람들이 많다. 그러므로 수상을 잘 보기 위해서는 손톱의 상태도 잘 관찰하여야 한다.

2. 손톱모양에 따른 성격

1) 긴 손톱
손가락 첫마디의 1/2보다 긴 손톱을 말한다. 손톱이 긴 사람은 낙천적이고 온순하며 감수성이 뛰어난 편이며 음악, 미술, 문학 등의 예능과 예술 방면에 재능이 있는데, 유행에 민감하고 이상을 추구하여 현실을 망각하는 단점이 있다. 손톱이 긴 사람은 성격이 느긋하고 얌전하며 짧으면 조급하다.

2) 짧은 손톱
손가락 첫마디의 절반보다 짧은 손톱을 말한다. 이런 사람은 대체적으로 이성적이며 판단이 냉철하고 성격이 급하여 작은 것 하나도 남에게 믿고 맡기지 못하며 자신이 직접 해야만 직성이 풀리는 타입이다. 머리가 좋아서 똑똑하나 자기 주관이 너무 강하여 남을 경시하는 단점도 있다. 손톱이 무뎌서 깎기 힘든 정도이면 건방지고 독선적인 면이 있다.

3) 길고 넓은 손톱
손톱이 손가락 첫마디의 1/2보다 길이가 길고 폭이 넓은 큰 손톱을 말한다. 이런 손톱을 가진 사람은 대체로 자기본위적이며 자신감과 자기주장이 강한 성격을 가진다. 손톱이 폭이 넓고 튼튼해 보이는 사람은 변강쇠이며 고집도 세다.

4) 변형된 손톱

삼각형 또는 역삼각형, 그리고 폭이 대단히 좁은 손톱 등을 가진 사람은 대체적으로 성격이 특이하여 냉소적인 면을 띤다. 손톱이 삼각형으로 좁고 연약한 사람은 배우자감으로는 감점이다. 손톱은 튼튼하고 넓을수록 좋다. 그리고 손톱 뿌리가 일직선이면 심장이 약하다.

5) 둥근 손톱

둥그런 손톱은 대체로 사교적이며 정열적이고 화끈한 기분파로 성격이 급한 탓에 남과 다투기도 잘하지만 화해도 빨리하는 타입이다. 낭비가 심한 결점도 있다.

6) 얇은 손톱, 살을 파고드는 손톱

손톱이 얇은 사람은 자신감이 부족하고 나약하며 거짓말을 잘하고 건강도 약하다. 손톱이 살을 파고드는 사람은 질투심이 많고 히스테리가 있다.

3. 손톱과 건강

1) 건강한 손톱

적당히 두껍고 단단하며 윤택이 있고 탄력이 있으며 담홍색의 빛깔을 띠고 있으면 건강한 손톱이다. 월륜은 손톱 길이의 약 5분의 1 정도가 적당한데 이런 손톱은 대체적으로 건강한 체질이며 활달한 성격이다.

2) 피로한 손톱

사람이 피로해지면 손톱에 이상이 온다. 손톱에 있는 하얀 반점이 커지고 광택이 없어지며 깊은 세로줄이 나타나게 된다. 건강이 쇠약해졌을 때는 손톱에 희고 둥근 반점이 생기므로 손톱에 흰 반점이 생겼을 때에는 충분한 휴식이 필요하다.

3) 긴 손톱

손톱이 너무 긴 사람은 대체적으로 체질이 약하고 목감기, 인후염, 늑막염, 폐질환 등에 걸리기 쉽다. 특히 긴 손톱의 표면에 세로줄이 여러 개 있거나 손톱의 혈색이 나쁘면 혈액순환 장애로 폐렴이나 늑막염을 앓는 경우가 많다.

4) 짧고 네모진 손톱

첫마디의 1/2보다 짧고 네모진 모양의 손톱은 심장 계통에 문제가 있다. 이 경우에는 월륜도 나타나지 않는 것이 보통이다. 이러한 네모진 손톱은 시력이나 심혈관 계통이 약하다. 특히 매우 짧은 손톱이 두께가 얇고 손톱 뿌리가 청색 또는 보라색을 띠고 있으면 신경성 심장질환에도 조심해야 한다. 이런 손톱의 여자는 난소의 기능이 약하므로 자식도 귀하다.

5) 둥근 손톱

둥글고 평평한 손톱은 비 위장이 약하다. 같은 둥근 손톱이라도 부풀어 오른 것은 근본적으로 몸이 허약하다는 것을 의미한다.

6) 삼각형의 손톱

삼각형 모양의 손톱은 대체로 장과 인후부가 약하다. 또한 역삼각형 모양의 손톱은 척추계통이 약하고 신경성 질환에 걸리기 쉽다.

7) 끝이 끊어진 손톱

손톱 끝이 부스러지거나 끊어지고 약해 보이면 기생충이 있는 경우가 많다.

8) 손톱의 가로줄

손톱에 가로줄이 생기면 건강에 큰 변화를 의미한다. 손톱이 자라면서 그 줄도 점점 올라가므로 이 줄의 위치에 따라 그 사람의 병의 시기도 알 수 있다.

9) 손톱의 세로줄

손톱의 세로줄은 대체로 체력소모와 신경쇠약을 나타낸다. 세로줄이 나타나면 무엇보다 충분히 휴식을 취해주어야 한다. 빈혈과 고혈압이 나타나며 엄지에 세로로 한 줄이 굵게 보이면 건강에 큰 이상이 생긴다. 가는 세로주름이 많이 보이면 신경성 노이로제로 잠이 안 오고 피로해 있는 사람이다.

10) 스푼처럼 생긴 손톱

엄지손가락 가운데가 움푹 들어간 손톱은 심장병이나 알코올 중독 등을 나타낸다.

11) 월륜과 건강

건강한 사람은 엄지에 뚜렷하게 월륜이 나타나 있다. 엄지에 월륜이 나타나 있지 않으면 건강의 위험 신호이므로 주의하여야 한다. 월륜은 손톱 길이의 5분의 1정도면 적당하고 너무 길게 나오면 좋지 않다. 월륜이 너무 많이 나온 사람은 오히려 심장질환을 앓기 쉽다. 하지만 월륜이 꼭 건강한 사람에게만 나타나는 것은 아니다. 월륜이 똑똑히 나타나지 않은 사람도 건강한 사람이 많다. 소지에 월륜이 뚜렷한 여성은 하체가 발달되고 성기능이 좋다.

12) 두꺼워진 손톱, 곰팡이 무좀 의심

발톱 및 손톱이 남들보다 두껍고, 색깔이 변하고, 모양에 변화가 있다면 무좀과 같은 곰팡이균 감염을 의심해 봐야 한다. 정상적인 손톱의 두께는 평균 0.5㎜지만 그 이상이라면 두꺼워진 것으로 볼 수 있다. 손톱과 발톱이 두꺼워졌다고 무조건 무좀약을 복용해서는 안 되지만, 무좀 치료약을 3~4개월간 복용했음에도 증상이 나아지고 호전되지 않는다면 다른 질환을 의심해 볼 필요가 있다

13) 손톱의 흰 반점, 아이와 성인은 원인이 다르다.

아이들 손톱발톱에서 흔히 볼 수 있는 흰 반점이 성인에게 나타났다면 주의가 필요하다. 아이에게는 덜 성숙된 손톱이 그대로 내보내져 빛을 반사해 하얗게 보이고, 성인에게는 머리 부위를 덮고 있는 피부인 두피에 발생하는 원형탈모증과 동반 증상으로 많이 나타난다. 원형탈모증이 원인일 때는 흰 반점이 불규칙하고, 지저분한 모습을 보인다. 또한 간이나 콩팥 기능

에 이상이 있을 때도 손톱과 발톱에 흰 반점이 나타날 수 있다.

14) 손톱이 신부전증도 알려준다.

손톱 절반이 갈색으로 변해 있는 것을 볼 수 있는데, 이는 3개월 이상 신장이 손상되어 있거나 신장 기능의 저하가 지속적으로 나타나는 만성신부전증에 의한 현상일 수 있다. 만성신부전증을 앓게 되면 손톱 및 발톱에서 절반은 갈색, 나머지는 분홍색을 띠게 된다. 건강한 손톱은 투명하고, 바른 모양과 두께를 유지하고 있으며 그렇지 않을 때는 다른 건강 문제를 의심해 볼 필요가 있다.

15) 손톱 위에 홈이 있거나 천천히 자란다면?

손톱이 평소보다 두드러지게 천천히 자란다고 느껴진다면 갑상선기능 저하나 영양부족 등을 의심해봐야 한다. 손톱 및 발톱은 일반적으로 하루에 0.1㎜씩 한 달이면 3㎜ 정도 자라고, 완전히 자라는 데 약 3~4개월이 소요된다. 겨울철에는 여름철보다 손톱이 천천히 자라지만 각종 질환의 영향으로 성장 속도가 달라질 수 있다. 갑상선호르몬과 칼시토닌을 생성 분비하는 갑상선기능이 저하되면 손톱 성장속도가 느려지고 낮은 손톱 사용빈도, 영양부족, 고령, 열에 노출될 때도 역시 성장 속도가 느려질 수 있다.

4. 손톱의 모양

① 손톱이 단단하고 찰색이 좋으며 탄력 있고 월륜이 뚜렷하면, 침착하며 활발한 성격으로 정직하고 건전한 성향을 가지고 있다.
② 손톱은 짧을수록 성격이 급하다. 손톱이 조금만 길면 이빨로 물어뜯고 손톱 깎기로 바짝 잘라야 만족하는 급한 성질로 피곤이 빨리 온다.
③ 손톱이 길고 좁고 빈약해 보이면, 신경질적이고 체력과 인내력이 약하다.
④ 역삼각형 손톱은 척추 디스크 등 체질이 약하다.
⑤ 손톱이 다 자라기까진 3~4개월이 걸린다. 손톱에 가로줄이 생기면 그 안에 수술이나 큰 질병이 생긴다.
⑥ 손톱에 세로줄이 불규칙하게 많이 생기고 거칠고 희끄무레한 반점이 생기면 건강에 이상이 있다는 징조로 노이로제, 당뇨나 순환기장애 등이 온다.

삼대선에 따른 특징

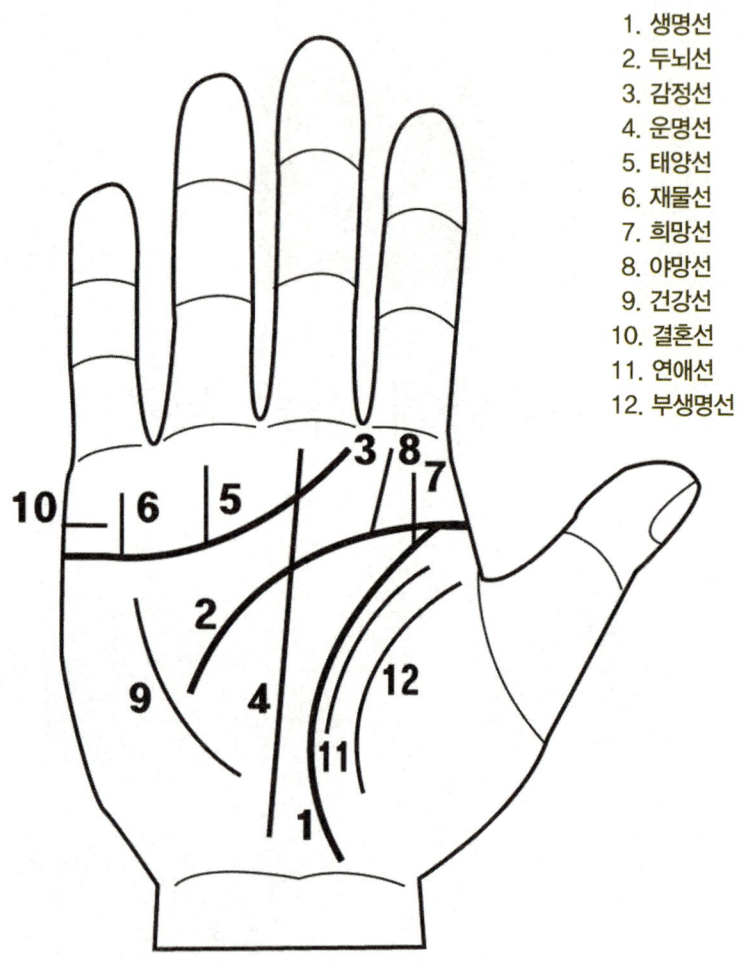

1. 생명선
2. 두뇌선
3. 감정선
4. 운명선
5. 태양선
6. 재물선
7. 희망선
8. 야망선
9. 건강선
10. 결혼선
11. 연애선
12. 부생명선

1. 생명선 = 생체리듬(육체적 건강상태, 체질과 체력)

2. 두뇌선 = 지성리듬(정신적 건강상태, 생각과 사고)

3. 감정선 = 감성리듬(정서적 건강상태, 감정과 애정)

1. 생명선

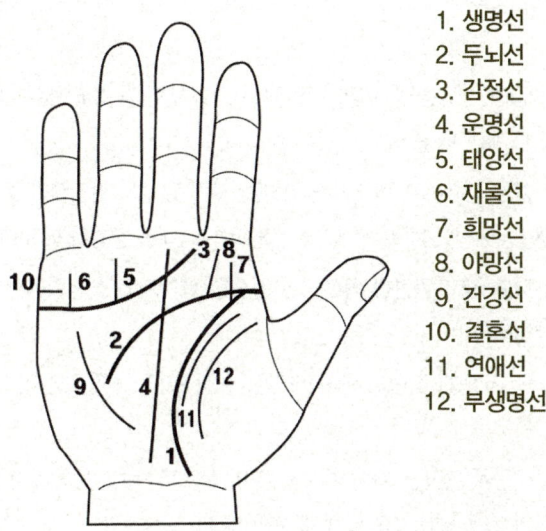

1. 생명선
2. 두뇌선
3. 감정선
4. 운명선
5. 태양선
6. 재물선
7. 희망선
8. 야망선
9. 건강선
10. 결혼선
11. 연애선
12. 부생명선

생명선은 엄지와 검지의 중간에서 출발하여 금성구金星丘를 둘러싸고 내려가는 선으로 건강과 수명, 즉 생체리듬을 나타낸다. 생명선의 길이로 수명의 장단을 판단하지만 그렇다고 생명선 하나만 가지고 판단하는 것은 아니다. 다른 선들과 각종 문양을 종합적으로 보아야 하는데 한쪽 손만 보는 것이 아니라 반드시 양쪽을 같이 보아야 한다. 예를 들어 한쪽 손의 생명선이 끊어져도 다른 쪽이 이어져 있으며 그 끊어진 나이에 병에 걸릴 수 있는 것으로 보아야 한다. 생명선의 색은 살색이나 담홍색이 가장 좋으며 혈색이 없으면 허약함을 나타낸다. 붉은 색은 건강함을 나타내지만 지나친 붉은 색은 다혈질을 뜻하고 청백색은 인정이 없고 냉정한 사람을 말한다. 엄지와 검지의 중간이 생명선 출발점의 기준인데, 표준보다 높으면 자신감과 패기에 찬 성격이고, 낮으면 반대이다.

▶ 생명선으로 생명력의 강약과 건강상태, 질병의 유무, 부모관계, 애정관계 등을 본다.

▶ 생명선의 길이는 유전적 수명, 자연적 수명의 장단을 나타낸다. 사고, 질병, 자살에 의한 사망 등을 말하는 것은 아니다.

▶ 생명선이 길면 장수하고 짧으면 단명하는 것이 일반적 판단이나 두뇌선, 감정선, 건강선, 장애선, 방종선 등 다른 선들과의 상태를 종합해서 보아야 한다.

▶ 생명선이 깊고 굵고 완만한 곡선이면 왕성한 에너지와 생명력을 가지고 있고 건강한 체질이다.

▶ 생명선이 얇고 좁게 직선이거나 파상선, 쇄상선이면 허약체질이며 생명력이 약하다.

▶ 질병이나 죽음을 판단할 때는 반드시 두 손을 모두 보고 판단해야 한다. 한쪽 손만 이상이 있을 때는 질병발생 정도의 의미이다.

▶ 생명선의 섬이나 점, 끊긴 자국, 십자문양 등은 모두 불길한 징조다. 점점 진해지면 병약해지고 점점 흐려지면 서서히 건강을 회복한다. 건강은 손바닥의 혈색과 손톱의 상태도 참고해서 봐야 한다.

▶ 폭은 넓은데 얕은 생명선은 건강하게 보이고 육체적 힘을 가진 사람에서 많이 보이나 질병이나 과로에 대한 저항력과 정신력은 떨어진다.

▶ 폭은 좁은데 깊은 생명선은 겉보기에는 약해보여도 기력과 의지력이 강하고 질병과 과로에 대한 저항력이 강하다.

▶ 생명선의 상태는 간 기능의 상태를 나타내고 자가 면역력, 피로 회복능력, 혈액순환의 상태를 나타내고 생명선으로 인정과 배짱도 알 수 있다.

1) 길고 깊게 곡선을 그린 생명선

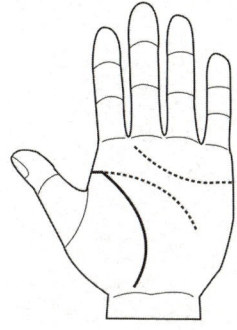

길고 깊게 곡선을 그린 생명선은 건강하고 장수한다. 생명선이 깊게 곡선을 그리고 금성구가 발달한 사람은 생활력이 강하고 감정이 풍부하며 정력이 왕성하다. 그런데 반드시 두뇌선과 감정선이 같이 좋아야 하며, 한 줄로 힘차고 선명하며 혈색이 좋아야 한다. 병에 저항력이 강하다.

2) 손목으로 직선으로 짧게 내려간 생명선

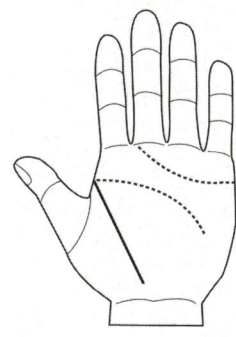

손목으로 직선으로 짧게 내려간 생명선은 에너지와 체력을 나타내는 금성구가 자연히 작아지기 때문에 허약한 체질이다. 이런 사람은 이기주의자가 많고 냉정한 성격과 허약한 체질로 대인관계도 원만치 못하다. 성욕도 약하고 질병에 취약하고 행동력이 뒤떨어진다.

3) 감정선과 두뇌선이 긴 짧은 생명선

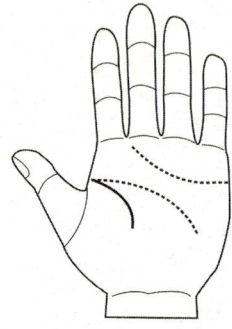

좌우 생명선이 짧으면 단명하지만 감정선과 두뇌선이 힘차고 뚜렷하면 그렇지 않다. 약한 생명선을 감정선과 두뇌선이 받쳐주기 때문에 체력은 약하지만 정신력이 강하므로 병에 걸려도 기적적으로 살아나는 수가 있으므로 비교적 긴 생명을 누린다.

4) 위에서 높게 출발한 생명선

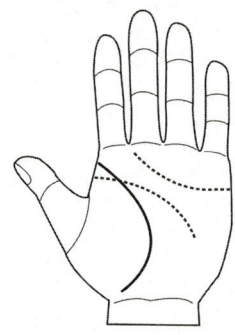

이 경우는 제1화성구가 발달한 것으로 투쟁력, 향상심, 결단력이 강하며 자기실현욕구가 강하다. 생명선 기점에서 분기되어 제1화성구로 들어가는 지선은 신경과민, 소심, 허영과 자만심을 나타내며 거기에다 손바닥까지 거칠고 딱딱하면 난폭한 성격을 띤다.

5) 끝이 월구로 향한 생명선

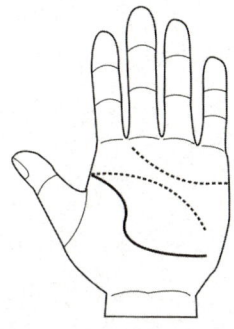

활동적인 성격으로 한 곳에 정착하지 못하는 방랑벽이 있으며 여성은 불임증일 가능성이 높다. 소위 역마살이 있는 사람으로 돌아다니는 직업이 적합하다. 직업이나 주거를 자주 바꾸고 불안정적이며 여행벽 방랑벽도 있고 자제력과 참을성이 부족하여 방종한 성격으로 주색과 자극을 추구한다.

6) 끊어진 곳이 겹쳐서 이어진 생명선

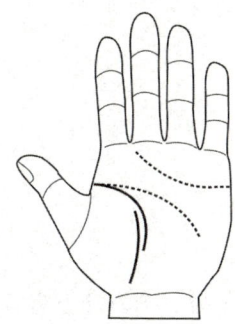

일시적인 질병이나 장애가 발생하지만 회복되는 것을 의미한다. 상하로 떨어진 폭이 클수록 회복에 어려움을 겪는다.

7) 출발점에 섬이 있는 생명선

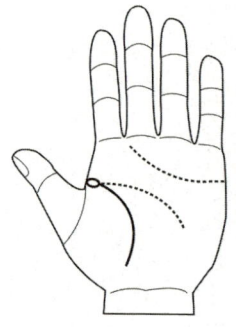

이 경우는 출생 시 어려움이 있었음을 나타낸다. 어머니가 임신 중에 커다란 운명의 변화를 겪었던지, 병을 앓거나 난산을 한 경우이다. 또 부모에 의한 유전적 질병이나 복잡한 가정사가 있었음을 나타낸다.

8) 쇄상형이나 파상형의 생명선

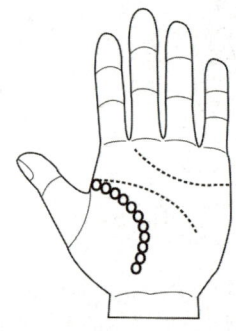

이런 생명선은 불규칙한 생활로 병에 걸리기 쉬우며 소화기와 호흡기가 약하다. 소극적 스타일로 끈기가 부족하고 주변에 사람이 없고 외롭다. 선의 일부만 쇄상이나 파상이면 해당하는 유년의 질병과 허약함을 나타낸다.

9) 횡선으로 연결된 끊어진 생명선

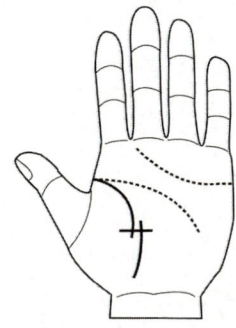

생명선이 끊어진 것은 단명, 죽음 등을 나타내지만 끊어진 부분을 횡선이 연결해주면 괜찮다. 해당하는 나이에 아프더라도 다시 회복할 수 있다.

10) 끝이 낚시 바늘처럼 휜 생명선

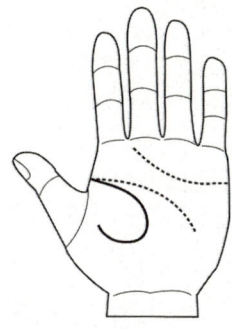

생명선이 휘어져 있으면 그 모양에 따라 중병의 증세를 나타난다. 두뇌선과 감정선도 휘어지거나 끊어져 있으면 중병이나 사망을 나타낸다. 생명의 위기를 예고하거나 중태나 사망을 암시하는데 양손이 모두 그러면 매우 불길하다.

11) 끝에서 몇 개의 선이 월구로 나간 생명선

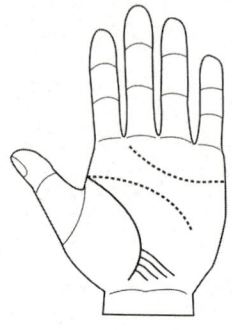

활동적인 성격으로 외유와 방랑의 기질을 나타낸다. 강한 활동성으로 밖에서는 좋은 사람으로 인정을 받지만 가정적으로는 불화, 별거, 이별을 할 가능성이 높다. 지선이 본선보다 길고 강한 경우는 긴 여행을 하고 집을 나간다. 반대로 짧고 약한 경우는 집을 나갔다가 되돌아온다. 운수업 등에 적합하다.

12) 운명선에 지선으로 연결된 끊어진 생명선

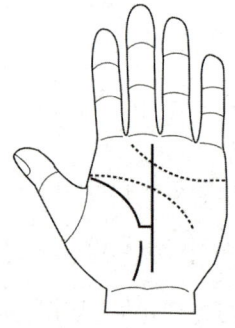

이런 생명선은 죽음의 고비를 넘기고 소생하게 된다. 그런데 운명선이 수경선과 뚜렷하게 연결된 경우는 염려할 것이 없지만 뚜렷하지 않은 경우는 운명선의 상태를 세밀히 관찰하여야 한다.

13) 감정선이 끊고 지나간 생명선

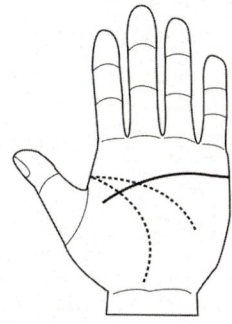

감정선이 목성구 쪽으로 올라가지 않고 끝이 아래로 처지면서 생명선을 뚫고 지나간 경우는 우울한 성격의 소유자로 부모덕이 없고 부모의 건강도 약하고 경제력에도 문제가 있을 가능성이 높다. 인생을 살며 환란이 많다. 제1화성구는 환란의 창고이다.

14) 중간을 끊는 단선이 있는 생명선

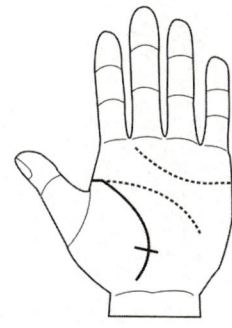

중간에 생명선을 끊는 단선은 부모상을 나타내는 표시로 생명선의 유년법에 따라 그 시기를 알 수 있다. 만약 단선이 생명선을 완전히 뚫고 지나갔다면 이미 부모상을 당한 것이다.

15) 목성구 아래에서 시작하는 생명선

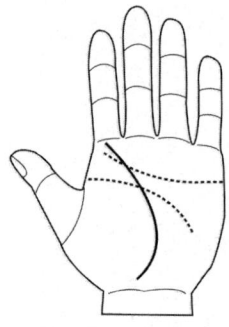

대개는 엄지 쪽에 가깝게 붙어 생명선이 시작되는데 이처럼 목성구에서 생명선이 시작되면 강인한 지도력과 리더십으로 지배욕이 강하여 단체나 조직을 통솔하는 지도자가 되기 쉽다. 군인, 검찰, 경찰 계통으로 진출하면 좋다.

16) 지선들이 옆에서 보호하듯 연결해주는 끊어진 생명선

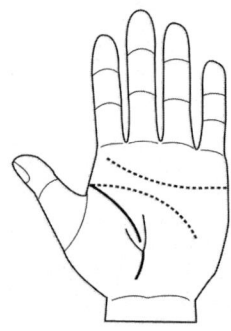

끊어진 생명선을 옆의 지선들이 이어주듯 붙여주는 경우는 큰 병을 앓게 되더라도 생명에는 지장이 없으며 치료하여 완치된다.

17) 이중으로 된 끊어진 생명선

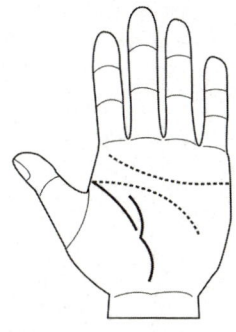

이중의 생명선이 끊어진 경우에는 건강을 과신하여 과로하거나 과음하여 위장이나 간장을 상하는 등 오히려 건강을 해칠 우려가 있다. 이 경우, 감정선과 두뇌선이 길면 수명은 길더라도 자손운이 불리하고 감정선과 두뇌선이 짧다면 단명할 수 있다.

18) 생명선이 짧고 아래쪽에 있는 경우

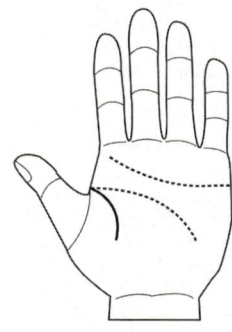

생명선이 짧고 출발점도 아래쪽에 있는 경우는 건강하지 못하고 단명할 수 있으며 발복하기 힘들다. 이런 손금을 가진 사람은 조상 산소에 물이 차 있거나 풍혈, 충혈인 가능성이 높다. 자제력과 극기심이 부족하고 시비를 따지기 좋아하고 반항적인 성격으로 학업의 인연도 짧다.

19) 태양구로 지선이 뻗어나간 생명선

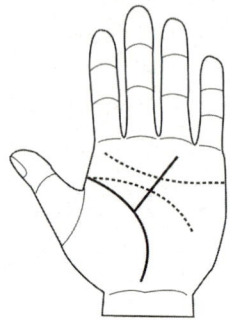

생명선에서 태양구 쪽으로 지선이 뻗어나가면 장사, 사업 등으로 크게 발전할 행운을 암시한다. 이런 손금을 가진 사람은 예체능분야나 특수전문분야, 연예인 등으로 인기와 명성을 얻는다. 생명선의 지선이 수성구 쪽으로 뻗어나가도 재물운으로 크게 발전할 상이다.

20) 여러 줄의 지선이 끊고 들어간 생명선

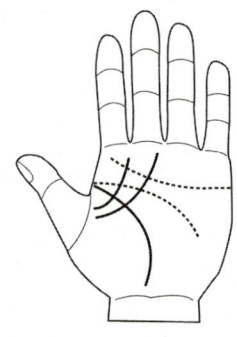

이런 생명선은 건강에 이상이 생김을 나타낸다. 무절제한 생활로 건강에 커다란 이상이 생길 수 있으며 성실하지 못한 생활로 안정을 이루기 어렵고 어려움을 겪게 된다. 특히 지선들이 제1화성구로 들어갈 때는 경제적 어려움과 삶의 애환과 질곡이 심하다.

21) 중간에 섬이 있는 생명선

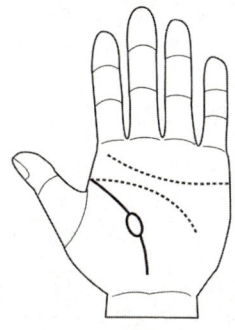

생명선이 중간에 끊어져서 섬이 있는 경우는 각종 암 등으로 단명할 수 있는 나쁜 손금이다. 그렇지 않으면 배우자와 사별하거나 이별하여 고독하게 될 상이다.

22) 중간에 사각문양이 있는 생명선

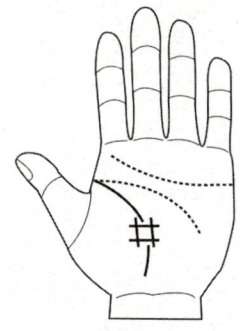

끊어진 부분에 사각문양이 나타난 생명선은 끊어진 부분을 보완해주는 의미가 있으므로 해당하는 유년에 중병을 앓더라도 쉽게 회복된다.

23) 부생명선이 있는 생명선

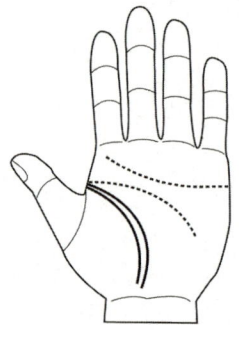

금성구 안쪽에 생명선이 하나 더 있는 것을 부생명선이라고 하는데 이 선은 생명선을 보강하는 것으로 장수를 하게 된다. 만약 생명선이 흐리거나 끊어져 있어도 부생명선이 있으면 무사히 장수할 수 있다.

24) 두뇌선, 감정선과 한 점에서 출발한 생명선

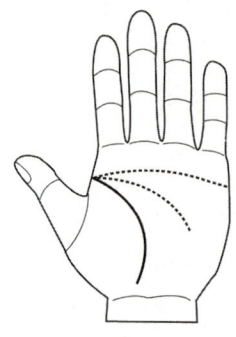

이런 손금은 가정생활에는 무심하고 냉정하나 반대로 사회활동에는 사교적이며 열성적인 성격을 나타낸다. 그런데 이런 손금은 안 좋은 경우에는 자살, 변사 등을 할 수도 있다.

25) 생명선에서 월구로 가는 여러 문양의 지선들

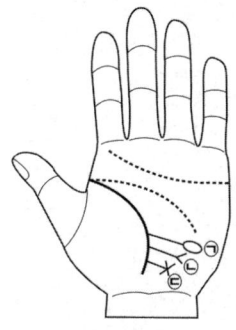

생명선에서 월구로 나온 지선이 위의 ㉠과 같은 경우는 외유 중에 밖에서 대단히 위험한 일이 생기는 것을 나타내고 ㉡과 같은 경우는 외유 중에 생명에 큰 위험을 의미하며 ㉢과 같은 경우는 외유 중에 나쁜 일이 있든가 목적을 충분히 달성하지 못하는 것을 나타낸다.

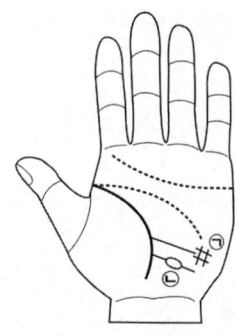

위 ㉠과 같은 사각형의 기호는 보호를 나타내므로 밖에서 외유 중에 큰 위험이 닥쳐도 그 위험을 피할 수 있는 것을 나타내며 ㉡과 같은 중간의 섬은 외유 중 중간에 여러 어려움과 위험을 당하는 상이다.

26) 감정선의 끝을 감싸고 올라간 생명선의 지선

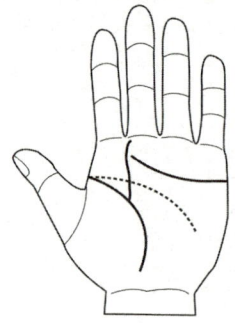

생명선에서 나온 지선이 목성구 쪽으로 올라가 감정선의 끝을 에워싸는 모양은 발복의 기운이 강한 것을 말한다. 감정적인 여러 유혹에도 흔들리지 않고 항상 노력을 하는 성격으로 부와 명성을 한꺼번에 얻을 수 있다.

27) 목성구로 가는 생명선의 지선을 끊는 선이 있는 경우

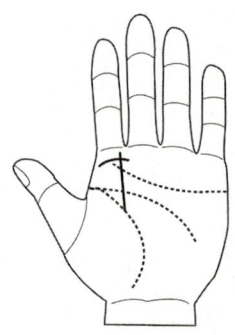

목성구로 향하는 야망선을 끊는 선이 있는 경우는 자기의 희망하는 목적이 여러 이유로 좌절되는 것을 나타낸다. 그러나 끊는 선보다 지선이 굵고 힘이 있다면 어려움과 장애가 있더라도 노력과 인내로 어려움을 극복하고 목적을 달성한다.

28) 금성구 안쪽에 가느다란 선들이 난 생명선

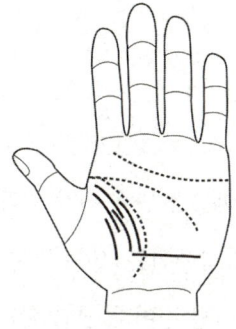

금성구는 애정과 성욕, 스테미너를 나타내는 부분이다. 금성구에 가느다란 선들이 있는 손은 욕정에 치우치기 쉽고 애정에 변화가 많고 여성은 남자를 끄는 매력이 있다. 그리고 그림과 같이 생명선을 끊는 방종선이 있는 경우는 무절제하고 불규칙적인 생활로 생명이 단축됨을 나타낸다.

29) 중간에 반점이 있거나 건강선이 침범한 생명선

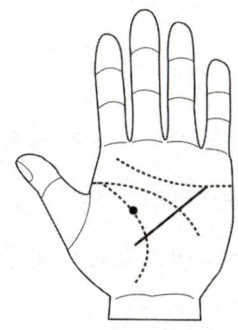

생명선이 굵고 힘이 있어도 그 위에 반점이 나타나면 이는 급성질환을 앓을 수 있음을 나타낸다. 또한 건강선이 생명선을 뚫고 지나가는 경우는 흉하여 건강에 문제가 생김을 말하는데 두 손 다 그럴 경우는 죽음을 의미하기도 한다.

끊어진 생명선들

생명선이 중간에 끊어진 것이나 생명선을 옆으로 끊는 선이 있는 것은 좋은 것이 아니다. 생명선이 끊어지면 그곳에 해당하는 유년에 건강이 악화되거나 질병을 앓는 것을 의미하고 생명선을 끊는 장애선은 건강문제뿐만이 아니고 가정사의 문제도 나타낸다. 생명선이 끊어진 것이나 생명선을 끊는 선도 그 모양과 위치에 따라 여러 가지 의미를 가지고 있다.

1) 질병의 회복이 늦은 선

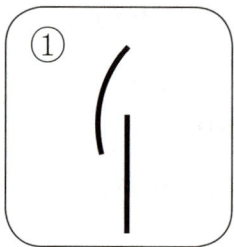

생명선이 끊어져 있다고 꼭 죽는 것은 아니다. 이중으로 겹쳐져 끊어져 있는 선은 만약 병을 앓아도 낫는다는 것을 의미하는데 위의 그림 ①과 같이 지선이 금성구 안쪽에서 나왔을 때는 질병의 회복이 순조롭지 못함을 의미한다.

2) 질병의 회복이 빠른 선

끊어진 선을 이어주는 지선이 위의 그림 ②와 같이 금성구 바깥쪽에서 나와 있는 경우는 회복이 빠른 것을 나타낸다.

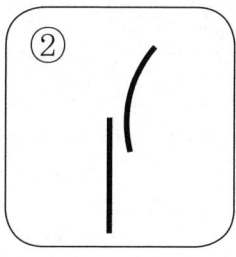

3) 죽을 수 있는 선

그림 ③처럼 끊어진 끝이 금성구로 낚시 바늘처럼 구부러져 있는 선은 일찍 죽을 수도 있음을 나타낸다. 끊어진 생명선 중에서 제일 나쁜 선이다.

4) 중병을 앓을 선

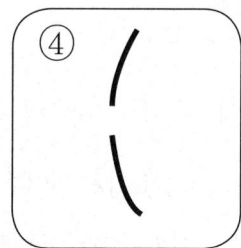

그림 ④처럼 생명선 중간이 뚝 끊어진 것은 아주 나쁘다. 끊어진 사이가 넓으면 죽을 수도 있지만 그 사이가 좁으면 질병을 어렵게 극복할 수 있다.

5) 중병이 되지 않을 선

그림 ⑤처럼 생명선의 중간이 끊어져 있지만 이를 이어주는 보강선이 있는 경우는 끊어진 유년에 생긴 질병을 빨리 회복할 수 있다.

6) 주변의 많은 도움을 받는 선

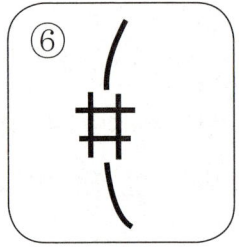

그림 ⑥처럼 생명선이 끊어진 곳에 사각문양이 나타나면 생명이 대단히 위험한 상태에서도 귀인을 만나 생명을 구할 수 있다.

7) 체력으로 질병을 이겨내는 선

그림 ⑦처럼 선과 선 사이가 떨어져 있어도 가로 지선이 이를 이어주는 경우에는 큰 병을 앓더라도 강한 정신력과 체력으로 서서히 병을 회복해 나갈 수 있다.

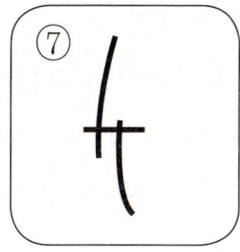

2. 두뇌선

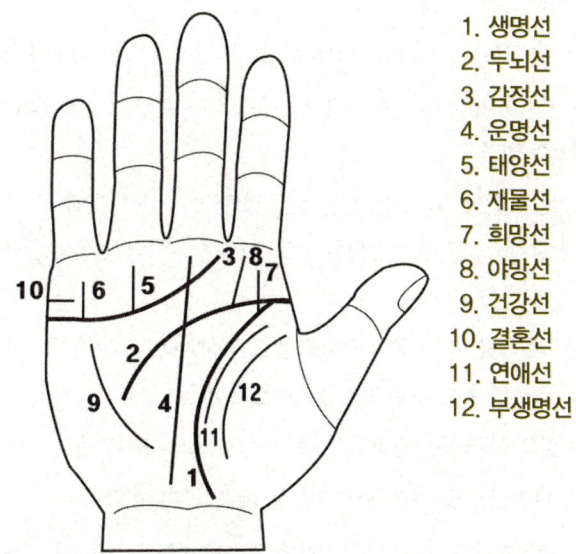

1. 생명선
2. 두뇌선
3. 감정선
4. 운명선
5. 태양선
6. 재물선
7. 희망선
8. 야망선
9. 건강선
10. 결혼선
11. 연애선
12. 부생명선

두뇌선은 보통 생명선과 함께 출발하여 완만하게 경사졌으며 손금 중에서 가장 중요한 선 중의 하나이다. 지식, 사고력 등의 지성리듬을 나타내는 선으로 두뇌선이 좋으면 다른 선이 조금 나쁘더라도 성공을 할 수 있다. 태양구를 기준으로 밖으로 뻗으면 긴 선이고, 안에 있으면 짧은 선이다. 두뇌선은 깊고 깨끗해야 좋다. 짧은 두뇌선이 반드시 지능이 떨어진다고 할 수는 없으나 두뇌선이 너무 짧으면 주의력이 산만하고 수명도 짧으며 급사하는 수도 있고, 두뇌선이 없는 경우도 있는데 이는 사고나 재난 등으로 급사할 수도 있음을 암시한다.

- ▶ 두뇌선의 표준 위치는 엄지와 검지 기저선의 1/2 지점이다. 생명선과 같이 가볍게 출발하여 화성평원을 지나 월구의 중앙부를 향하여 완만한 경사를 이루는 것이 표준이다.
- ▶ 두뇌선을 기준으로 천지(天地)가 나뉜다. 상부는 정신적이고 하부는 물질적이다.
- ▶ 두뇌선은 지능의 발달 상태를 나타낸다. 두뇌선이 확실해야 정신력이 건강해서 성공할 수 있다.
- ▶ 두뇌선의 쇄상, 파상, 중단, 섬, 반점 등은 흉하다. 두뇌선 자체가 변칙적일 경우 지능에 결함이 있거나 명철함을 잃고 추리력, 기억력, 판단력 등에 문제가 생긴다.
- ▶ 두뇌선이 길면 정신력, 지력이 강하고 짧으면 상상력, 지식수용력, 사고력, 통찰력 등이 약하며 물질적 경향이 강하고 산만하다.
- ▶ 두뇌선이 깊고 선명하면 정신력과 지력이 강하고 의지력과 용기가 있다.
- ▶ 두뇌선의 폭이 넓고 얕으면 정신력보다는 체력이 발달한다.
- ▶ 두뇌선이 혈색이 없고 선 자체가 빈약하면 무기력하고 우유부단하며 나태하고 주의가 산만하고 머리회전이 느리고 둔하며 창조지능이 부족하다.
- ▶ 적색의 두뇌선은 정력가를 의미하나 너무 붉으면 뇌졸중과 간질 등을 주의해야 한다.

1) 생명선과 약간 떨어져 출발하는 두뇌선

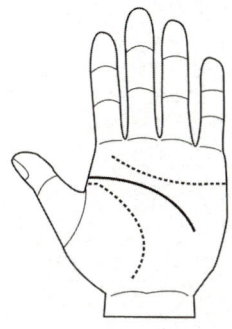

생명선과 5mm 정도 떨어져 출발한 두뇌선은 독립심과 의지가 강하며 자신감과 실행력으로 목적을 관철하는데 지배당하거나 구속당하는 것을 싫어한다. 약간 떨어진 경우는 좋지만 10mm 이상 지나치게 떨어져 있으면 사려 깊지 못하고 감성이 부족하고 도발적이며 흥분을 잘한다.

2) 생명선과 결합해서 출발하는 두뇌선

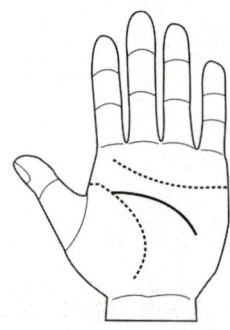

주의 깊고 신경질적이며 민감하나 자신감과 행동력은 결여된 사람이다. 스스로를 과소평가하는 경향이 있으며 학자나 연구가의 상이다. 부친이 외도를 하거나 부모에게 문제가 있을 소지가 많다.

3) 생명선 안쪽에서 출발하는 두뇌선

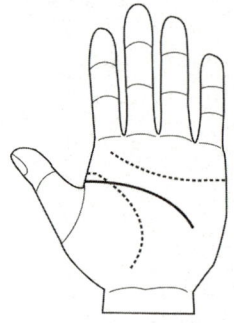

신경질적이고 참을성이 없으며 감정적인 사람이다. 사소한 일도 걱정하는 성격으로 눈앞의 일에 매여 큰일을 망칠 수도 있다. 남들과 잘 다투고 논쟁을 하며 감정이 격해지면 상식에서 벗어나는 행동을 한다.

4) 월구를 향한 긴 곡선의 두뇌선

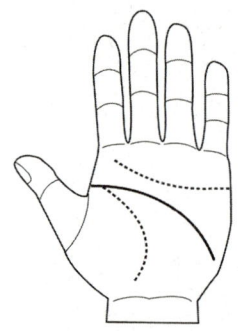

두뇌선이 월구 아래쪽으로 길게 뻗어 있는 사람은 정신적 경향이 강하고 꿈이 많다. 낭만적인 성격으로 상상력이 뛰어나고, 예술적 재능이 발달하였다. 그러나 다분히 감정적이고 질투심도 강하다. 이상과 관념과 공상에 빠져 현실성이 떨어진다.

5) 수성구 쪽으로 구부러진 두뇌선

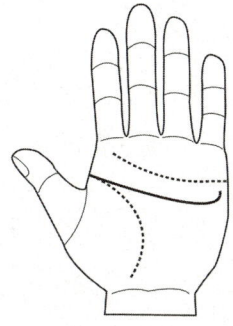

재물을 지향하는 사람으로 경제관념이 발달하고 사교성이 좋아 큰 재물을 벌 수 있다. 그러나 재물에만 집착한 나머지 가정이나 애정관계의 희생도 마다하지 않을 수도 있다.

6) 토성구로 향하는 지선이 있는 두뇌선

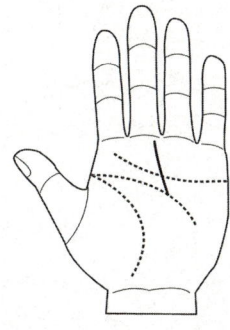

이런 두뇌선은 토성구를 지향하므로 성실하고 침착한 성격으로 사리분별이 반듯하다. 그러나 너무 신중한 나머지 결단력이 부족한 면이 있어 때로는 좋은 기회를 놓치는 경우도 있다. 지적 능력을 활용하는 직업을 가지면 좋다.

7) 태양구로 향한 지선이 있는 두뇌선

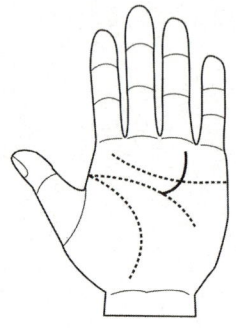

정신세계가 태양구를 지향하므로 태양선과 같은 의미를 나타낸다. 이 선은 지식과 학문 자격증 등을 활용하는 방법에 의하여 큰 재물과 인기를 얻고 성공하는 선이다.

8) 아주 짧은 두뇌선

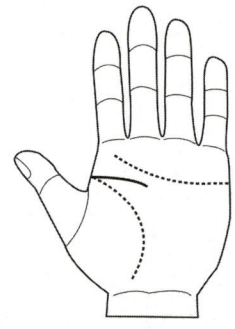

지성적이지 못하고 물질적인 면이 강하며, 두뇌발달이 나쁘고 자기 사상이 뚜렷하지 못하다. 현실을 중시하고 매우 냉정한 성격으로 음악, 미술, 문학, 예술적 감각이 부족하다. 두뇌선이 짧은 것을 무조건 나쁘다고 할 수는 없지만, 지나치게 짧으면 단명하거나 저급한 생활을 할 수도 있다.

9) 손바닥을 가로지른 아래쪽으로 지선이 있는 두뇌선

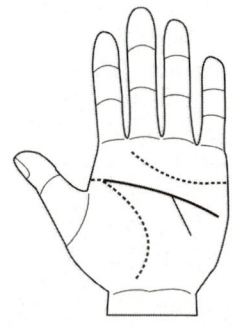

결단력과 자신감, 현실적 마인드에 더하여 학문적인 면과 예술성 등이 골고루 발달해 실무적인 능력과 정신적인 능력을 겸비한 사람이다. 현실감도 충분하고 정신적 여유도 넉넉한 사람이다.

10) 끊어진 중간에 사각문양이 있는 두뇌선

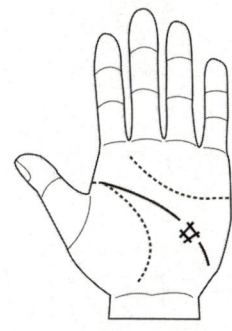

두뇌선이 중간에 끊어져 있는 것은 정신적으로 커다란 상처를 입거나 문제가 생긴 경우로 생명선이 끊어진 것과 같이 대단히 위험한 일을 당할 암시다. 그러나 보호하는 사각문양 때문에 그 재난에서 벗어날 수 있음을 뜻한다.

11) 쇄상선으로 된 두뇌선

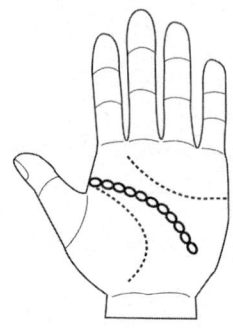

사고력이 산만하고 기억력이 약하고 정신력이 약해 운명에 몸을 맡기는 타입이다. 또 두뇌선의 경사가 심하게 기울어져 있거나 두뇌선에 많은 섬이 나타나거나 끊어져 있으면 생각을 잘못하거나 우울증 등으로 자살이나 발광하는 경우도 있다.

12) 두 선이 겹쳐져 끊어진 두뇌선

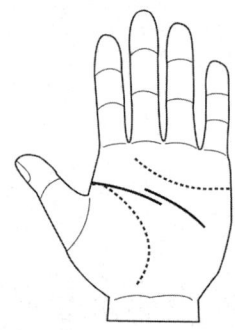

정신적인 충격을 받거나 머리에 부상이나 질병, 장애 등이 생길 수 있는데 회복될 수 있다. 그러나 겹쳐진 부분 없이 두뇌선이 끊어진 경우는 흉액을 나타내며 정신적 충격이나 머리 부분의 손상으로 불의의 흉액을 당할 수도 있다.

13) 이중 두뇌선

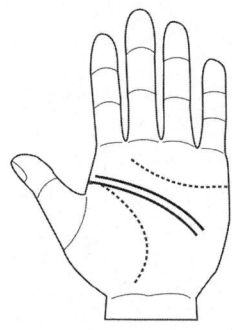

두뇌가 발달하고 의지력이 강하여 특별한 재능이나 아이디어, 학문, 자격증 등으로 성공하는 상이다. 정치적인 면이나 사업적인 면에도 탁월한 재능을 발휘한다. 여자의 경우도 집안 일보다는 사회생활에 더 많은 재능을 나타낸다.

14) 감정선과 지선으로 연결된 두뇌선

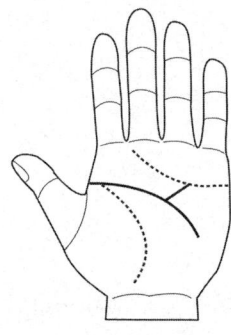

정에 약하여 애정문제로 이성을 잃고 감정에 치우치는 경향이 있으며 심각한 사랑으로 비련의 상처를 안게 된다. 동정심과 인정 때문에 다른 사람에게 이용당하기 쉽다.

15) 감정선으로 몇 개의 지선이 뻗어 있는 두뇌선

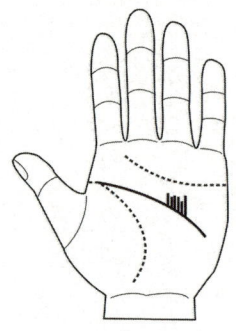

감정선으로 향하는 가는 지선이 있는 두뇌선은 정情에 흔들리기 쉬운 타입으로 항상 감정과 애정문제를 안게 된다. 이런 손금은 연애감정에 열중하여 자기 일을 그르치기 쉽다.

16) 중간에 불룩 솟은 곳이 있는 두뇌선

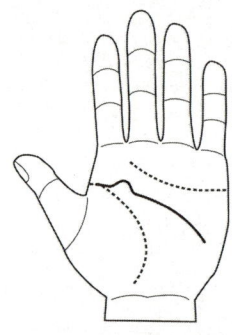

두뇌선의 중간에 불룩하게 솟은 곳이 있거나 구부러진 부분이 있다면 신경이 쇠약하거나 심장의 기능이 약하다. 또한 나이가 들수록 기억력과 지능이 감퇴하고 이성적 능력 감퇴로 치매 증세를 나타내는 수가 있다.

17) 두뇌선이 중간에서 끊어지거나 몇 겹으로 이어진 경우

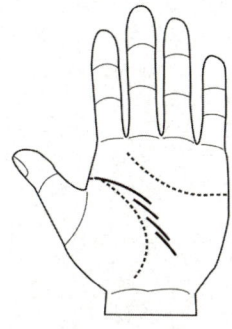

두뇌선이 중간에서 끊어지면서 갈라는 여러 선으로 이어지는 경우엔 신비성이 다분한 성격이지만 나이가 들면서 총기가 흐려진다. 또한 심신의 부조화와 병약함, 심한 감정기복으로 신경쇠약과 발작, 자제력 상실 등을 나타낸다. 두뇌선이 세 번 이상 끊어져 있는 경우엔 특히 주의를 요한다.

18) 일자로 쭉 뻗은 두뇌선

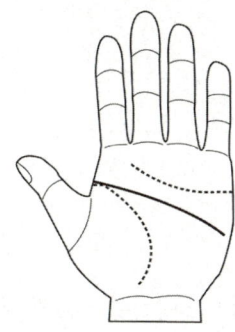

두뇌선이 손바닥을 가로질러 일자로 쭉 뻗은 경우에는 강한 정신력을 바탕으로 탁월한 상황대처능력을 발휘하며 사업적으로 성취도가 높다. 성격도 매우 적극적이며 많이 배우지 못하였어도 남한테 인정받게 되고 많은 사람을 통솔할 수도 있다.

19) 끝에 별 문양이 있는 두뇌선

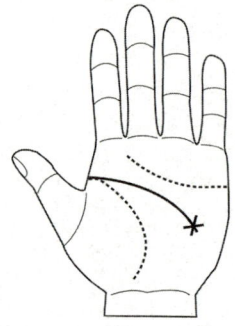

두뇌선 끝에 별문양이 나타나는 것은 갑작스런 질병이나 정신질환을 나타내며 심하면 죽음을 의미하는데 만약 생명선도 같이 끊어져 있으면 급변, 급사할 수도 있다.

20) 중간에 섬이 있는 두뇌선

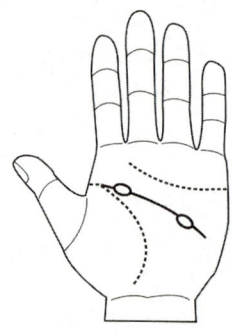

두뇌선에 생긴 섬은 교통사고 등으로 인한 장애나 두뇌이상, 뇌종양 등으로 인한 신경장애, 지능지수의 저하, 뇌출혈, 정신이상 등으로 인한 질병을 암시한다. 이선은 정신신경계통이 약해 성격과 지능에 문제가 있음을 나타낸다.

21) 중간에서 끊어진 두뇌선

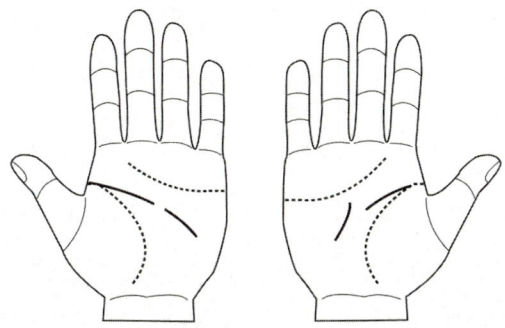

두뇌선이 중간에 끊어진 경우는 정신적 문제로 고통받게 된다. 두뇌이상, 이성적 사고력의 둔화 혹은 학업중단 등을 나타낸다. 또한 몸이 아프거나 정신건강에 문제가 생길 수 있다. 예를 들면 충돌사고 등으로 정신을 잃었다가 깨어나는 경우도 있는데 유년법에 따라 그 시기를 유추할 수 있다.

22) 수성구 쪽으로 지선이 뻗은 두뇌선

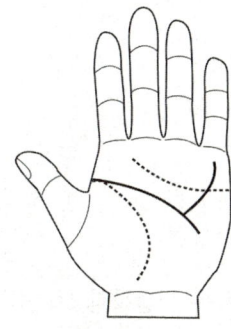

두뇌선에서 지선이 수성구로 뻗어 있으면 명석한 두뇌와 기발한 발상, 특별한 자격증과 아이디어 등으로 명예와 재물을 얻게 된다. 그림처럼 갈라진 지선이 감정선을 뚫고 나온 경우에는 강한 정신력과 생활력으로 재물운이 대길함을 의미한다.

23) 토성구에서 시작한 두뇌선

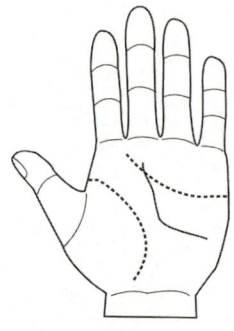

두뇌선이 토성구에서 시작한 경우에는 사치와 향락생활로 게으름을 피우다 패가망신하는 수가 있다. 이런 두뇌선을 가진 사람은 유흥업 종사자나 화려한 연예계에 종사하게 되고 그러한 직업에서 두각을 나타낸다.

24) 두 선이 겹친 듯한 두뇌선

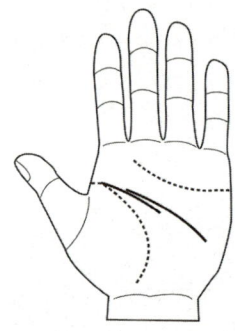

두뇌선이 끊어졌다가 겹치는 듯이 길게 이어진 경우는 일시적으로 학업을 중단할 일이 생기지만 다시 학업을 이어 명성을 얻는다. 책임감이 강하고 의지가 강하고 인내심이 있다.

25) 월구 아래로 길게 뻗은 두뇌선

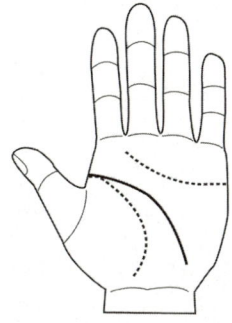

두뇌선이 월구로 내려간 사람은 생각과 사고가 월구를 지향하게 되므로 월구의 의미인 상상, 공상, 신비주의 등이 지나쳐 상식에서 벗어나는 생각과 행동을 하며 그 결과 우울증, 자살 등의 극단적 사고나 행동을 하는 수도 있다.

26) 감정선을 끊고 태양구 방향으로 뻗은 두뇌선

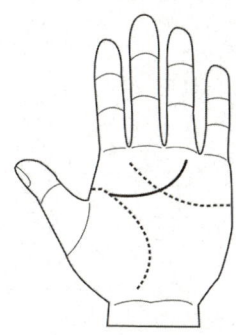

이런 손은 재물에 대한 집착이 강하고 생각이 과감하며 현실주의가 강하다. 자신의 목적달성을 위해서는 우정, 의리, 사랑 등 모든 것을 이용하려 한다. 이러한 손이 감정선까지 나쁘면 금전적인 일로 잘못을 저지를 수도 있다.

27) 검지 쪽에서 출발한 두뇌선

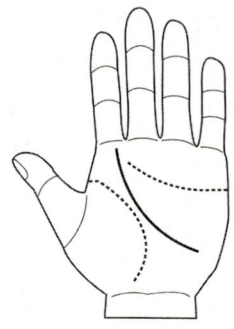

이러한 손은 정신적으로 목성구를 지향하므로 지도력과 리더십이 대단히 강하며 명예名譽를 추구하는 성향이 강한 사람이다. 만약 이러한 두뇌선이 끊어짐이나 흐트러짐이 없이 깊고 굵게 선명하다면 정치가, 실업가, 지도자 등으로 크게 성공할 수 있다.

28) 구불구불한 두뇌선

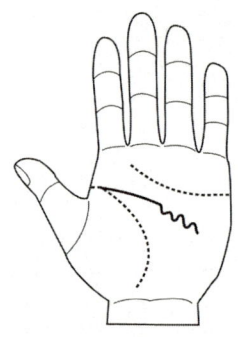

두뇌선이 매끄럽게 쭉 뻗지 못하고 구불구불한 사람은 정신적으로 안정이 되어 있지 못하고 욱하는 성질이나 뒤끝이 무르다. 매사 처음에 시작은 잘하나 끝마무리가 약한 스타일이다.

〈손의 모양과 두뇌선에 따른 특징과 적성〉

원시형+길게 뻗은 두뇌선
외면적인 투박함이나 야생적 모습 속에 뛰어난 지능의 소유자다. 농가공품, 축산가공품, 신품종개발, 실내장식, 인테리어 등 육체와 머리를 같이 쓰는 일에 적합하다.

실무형+경사진 두뇌선
사고방식이나 행동패턴이 물질적이며 실용적이더라도 내면에는 문학성 예술성 감각과 상상력 등이 잘 달달해 있다. 연예기획사, 광고홍보 마케팅, 문화관광부

활동형+곧은 두뇌선
외향적이며 행동적이고 독립적인 모습 속에 현실적인 감각을 가지고 노력하는 실제적인 유형의 사람이다.

예술형 공상형+곧은 상향의 두뇌선
정신적 성향의 손으로 이상과 꿈 공상을 추구하고 예술적 기질이 강한 속에 내면적으로는 다분히 상식적이고 현실적인 유형이다. 화장품, 피부관리, 종교용품점, 패션의류 등에 적합하다.

철학형+곧은 두뇌선
철학적, 사색적 외면의 모습과 달리 내면에는 현실적이며 실무적인 성향이 강하다.

3. 감정선

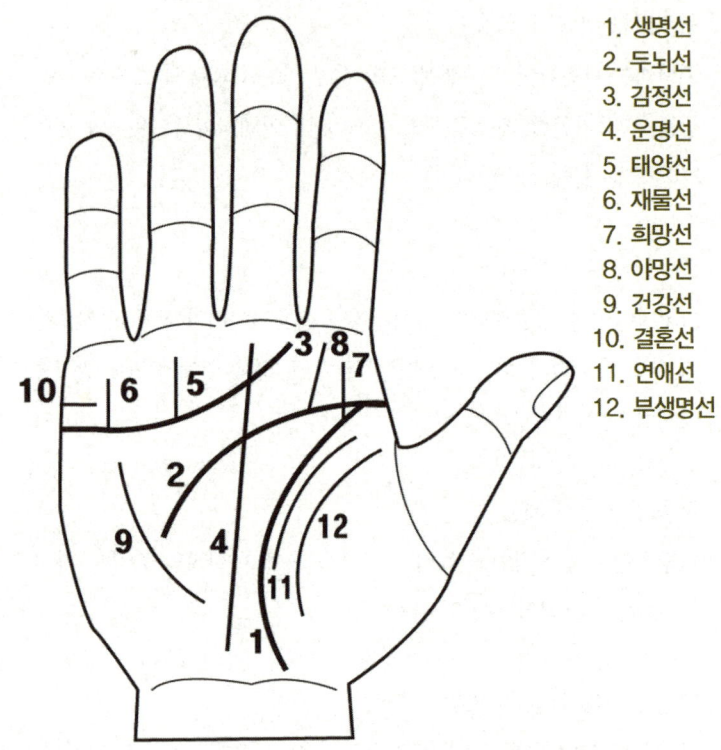

수성구 아래에서 시작하여 검지나 중지 쪽으로 비스듬하게 올라가는 선이 감정선이다. 감정선은 속칭 러브라인으로 사람의 감정과 마음의 지성리듬을 표시하지만 다른 선들과의 관계 속에서 그 의미가 강해지기도 하고 약해지기도 한다. 미국의 포인소트는 "감정선이란 그 사람의 인생이 환희로 끝나는지 비애로 끝나는지를 말해주는 언어"라고 했다. 감정선은 인간의 심성이나 개성을 표시하는데, 특히 애정의 곤란이나 번민을 알려주는 감정의 목소리로 남자보다는 여자가 더 민감하다. 감정선의 의미는 금성구와 두뇌선에 의해 보충된다.

▶ 좋은 감정선은 선에 결함이 없고 길고 깊고 혈색이 좋다. 이러한 감정선의 소유자는 견고하고 강한 애정관과 균형 잡힌 정서 상태로 행복한 애정생활을 하며 선량하고 온건한 성품을 지닌다.
▶ 감정선은 길이에 따라 특성이 다른데 긴 경우는 다정하고 민감한 성격으로 정신적인 면을 중시하고 짧은 경우는 냉철하고 현실적인 성격으로 물질적인 면을 중시한다.
▶ 상향의 둥근 감정선은 다정다감하고 유연한 성격이고 직선으로 쭉 뻗은 감정선은 마음먹은 대로 행동하는 직선적인 성격이고 끝부분이 하향한 감정선은 다분히 비애스럽고 감상적인 성격이다.
▶ 가늘고 창백한 감정선은 애정과 열정이 부족하고 냉소적인 성격으로 인간관계에 친화력이 부족하다.
▶ 감정선에 쇄상, 파상, 반점, 섬이나 끊어짐 등이 나타나면 심장기능과 순환계가 나쁘고 선명하고 깨끗하면 건강하다.
▶ 감정선이 너무 짧으면 수명도 짧다.

1) 목성구의 중앙에 이른 감정선

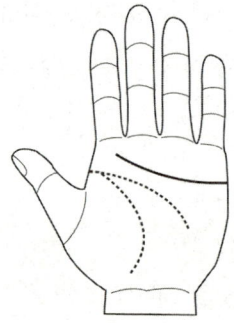

이러한 감정선을 가진 사람은 신중하고 이지적이며 책임감이 강하다. 따듯한 마음씨를 가지고 있는 성실한 사람으로 이상적인 성격의 소유자이며 정서적 성향이 강하고 상대에 대하여 자존심과 정조를 지킨다.

2) 목성구의 측면까지 뻗은 긴 감정선

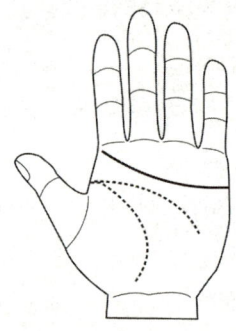

감정이 극에서 극으로 가는 스타일로 감정적인 문제 때문에 사회생활에 어려움이 생긴다. 자기감정에 충실한 것은 좋으나 할 말은 하고야 마는 성격으로 독점욕과 질투심 때문에 이성문제나 애정관계에 심하게 고통받는 경우가 있다.

3) 검지와 중지의 사이로 향한 감정선

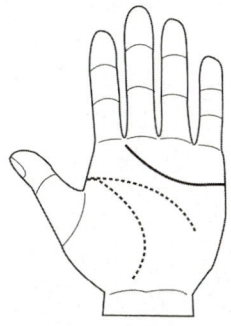

연애를 할 때 외모보다는 진실성을 추구하는 매우 상식적인 사고를 가진 사람으로 애정 관계에 있어서 매우 신중하고 성의와 정성을 다하는 보수적인 감정의 소유자이다.

4) 토성구의 중앙으로 향한 감정선

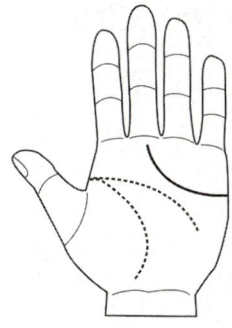

이러한 선은 자기본위의 냉정한 사람이다. 애정에 깊이 빠지는 일이 없는 이기적인 사람으로 연애나 가정 문제 등에 있어서도 자기 뜻대로 행동하는 사람이다. 다른 사람의 고통과 불만 등의 감정은 중요하지 않고 자신이 마음먹은 대로 강행하는 스타일이다.

5) 중지쪽으로 붙어서 올라간 감정선

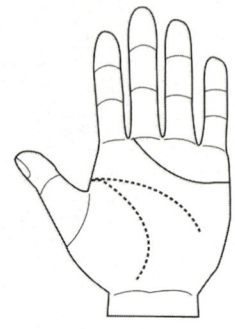

목성구 쪽으로 뻗지 못하고 중지 쪽으로 붙어 올라간 감정선은 자기위주의 사람으로 사랑이 처음에는 순탄하나 배신으로 끝나거나 처음에는 궁합이 잘 맞아 열중하더라도 얼마 못 가 싫증나서 만남과 이별을 되풀이하는 수시이별의 상이다. 신혼초를 지나 3~4년 가량 지나면 권태기에 빠질 수 있다.

6) 한쪽은 목성구로, 한쪽은 중지와 검지 사이로 들어간 감정선

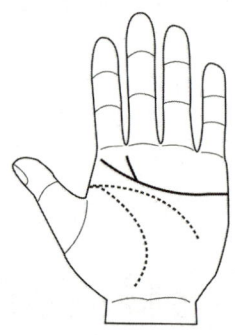

따듯하고 풍부한 애정의 감정으로 다른 사람을 위해 주는 자상한 스타일의 사람이다. 노력 없이 생기는 이익을 원하지 않기에 주변에 신망이 두텁고 인기도 많다. 이러한 감정선의 소유자는 가정생활도 행복하고 화목하게 꾸려갈 수 있는 사람이다.

7) 매우 짧은 감정선

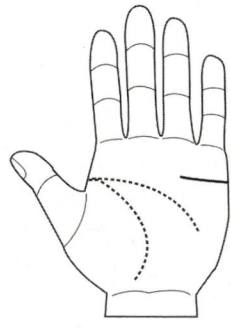

감정에 깊이 빠지지 않는 냉철한 사람으로 세심한 배려나 인정을 기대하기 어렵다. 아무리 사랑하는 상대라 할지라도 감정에 빠지지 않고 냉정하게 사리판단을 하는 성격의 소유자라 할 수 있다. 그런데 두뇌선마저도 약하다면 인간미가 부족할 수도 있다.

8) 하향의 지선이 많이 있는 감정선

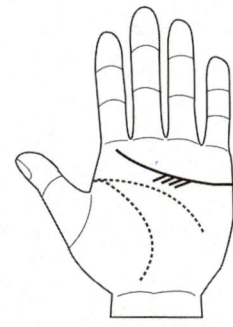

이런 감정선의 소유자는 소심하고 집착하며 우울한 스타일로 자신감이 없고 적극적이지 못하여 상대방에게 버림을 받는 유형의 사람이 많다. 지선이 많을수록 상대와 헤어질 가능성이 크고 그 끝이 두뇌선에 가까울수록 이별로 인한 상처가 크다.

7장 삼대선에 따른 특징　145

9) 쇄상선으로 된 감정선

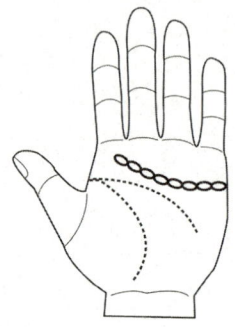

본능적이며 다정다감한 기질을 띤 사람으로 마음의 변화가 많고 항상 새로운 이성을 추구하는 성향이 있다. 이런 감정선이 두뇌선이 뚜렷하고 좋으면 예술적 재능을 보이나 두뇌선도 쇄상선이면 위험한 불장난을 일으킬 정도로 즉흥적이다.

10) 두뇌선하고 합쳐진 감정선

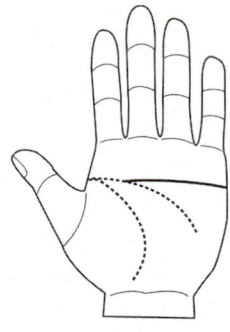

감정이 극단으로 흘러 즉흥적이기 때문에 항상 침착해야 한다. 이러한 감정선의 사람은 감수성이 예민하기 때문에 예술방면에서 성공할 가능성도 있다. 이런 손은 자살의 상이라고도 할 정도로 감정적인 상이다.

11) 이중의 감정선

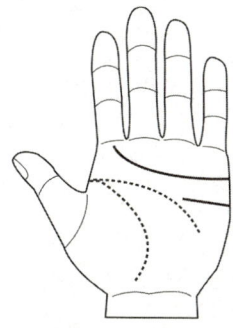

이중감정선은 감정이 풍부한 사람으로 애정의 감정에 심취해 열중하기도 하지만 그것에만 매달리지 않고 자신의 일도 착실하게 잘해 나가는 성실파이다. 이러한 감정선은 활동적인 체질로 매우 적극적인 사람인데 애정적으로 이중생활을 하는 경우도 있다.

12) 끝이 세 가닥으로 갈라진 감정선

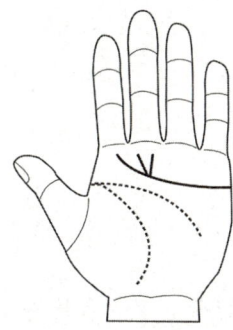

다정다감하고 부드럽고 인간미가 풍부한 사람이다. 이러한 손금을 가진 사람은 모든 일을 한쪽으로만 치우치지 않고 균형 있게 지성적으로 해결해 나가는 사람으로 정서적으로 즐겁고 여유롭고 편안한 생활을 한다.

13) 소지 아래쪽에서 끊어진 감정선

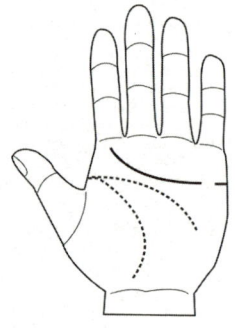

이런 손금의 소유자는 정신적인 면보다는 물질적인 면을 매우 중시하는 사람이다. 너무 강한 물질욕구 때문에 부부관계에 있어서도 불화와 이별을 하게 되는 경우가 많다.

14) 토막 나거나 끊어져 있는 감정선

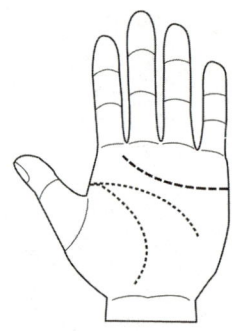

이런 감정선은 신경기능이 허약하여 여러 가지 관련 질병을 얻을 수 있다. 두뇌선도 이런 모양일 경우에는 더욱 심한데 심신이 쇄약할 수도 있으며 기력이 약하고 활동력이 떨어지며, 변덕스러운 성격의 소유자이기도 하다.

15) 뚝 끊어진 감정선

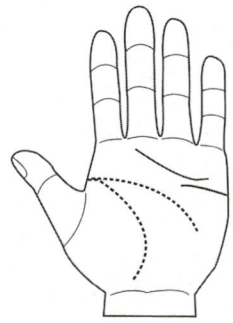

감정선이 겹치는듯하면서 뚝 끊어진 손금은 사랑에 실패하는 손금이다. 감정선이 끊어진 사람은 감정적인 주장을 너무 내세워 상대를 질리게 하거나 일방적인 구애의 감정으로 실연당하는 수가 많으며 결혼 후에도 가정파탄이 일어나기 쉽다.

16) 심하게 끊어진 감정선

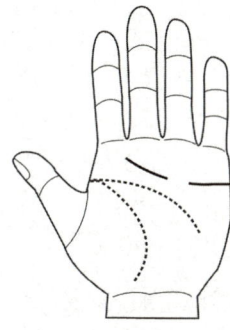

감정선이 심하게 끊어졌을 때는, 사랑하는 사람과 이별하거나 부모님이 일찍 돌아가는 수가 있다.(감정선은 주로 부친과의 관계를 나타낸다)

17) 중간에 섬이 있는 감정선

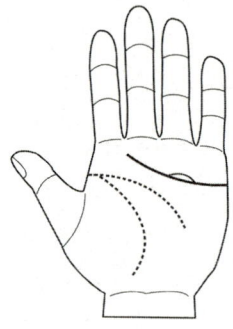

감정선에 길고 뚜렷하게 섬이 있으면 부모가 이혼이나 별거 등의 불화나 피치 못할 사정으로 함께 살지 못하게 되며 자신은 직업상의 전직과 변화 등을 많이 겪는다.

18) 끝에 여러 가지의 지선이 있는 감정선

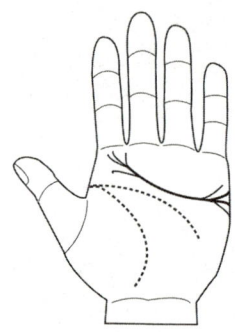

감정선 끝에 지선이 많이 있는 사람은 재주는 많아도 성공을 못하고 이것저것 시작을 해도 결과를 잘 내지 못한다. 이런 손금의 사람은 한 가지 일에 꾸준해야 성공할 수 있으며 자영업보다 고정적인 직장생활이 더 좋다.

19) 세모무늬가 있는 감정선

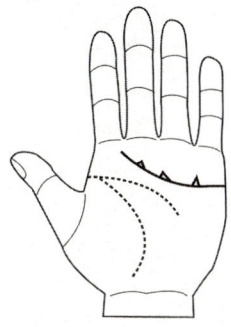

감정선의 중간에 타원형의 섬과는 다른 세모 무늬가 있다면 이는 전반적으로 불길한 일을 암시한다. 이런 무늬는 특히 재물이나 사업의 실패를 예고한다.

20) 굴곡이 있는 감정선

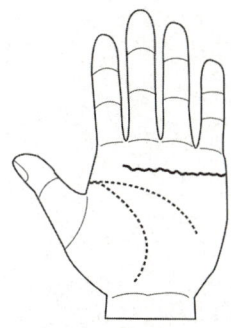

감정선이 일자로 곧게 뻗지 못하고 구불구불 굴곡이 있다면 유년법에 따른 해당하는 나이에 파란 많은 인생의 변화와 어려움을 겪게 된다.

21) 두뇌선과 서로 만나는 감정선

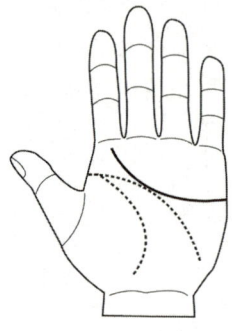

중간에 별다른 지선이 없이 감정선과 두뇌선이 만나 두뇌선은 월구까지 뻗어 있고 아울러 감정선은 목성구를 향하여 힘차게 올라가 있는 경우에는 활기차다 못해 제 멋대로 일 수 있다. 하지만 큰 부귀명예를 얻는 세상이 부러워할만한 행운이 따르기도 한다.

22) X자로 지선이 있는 감정선

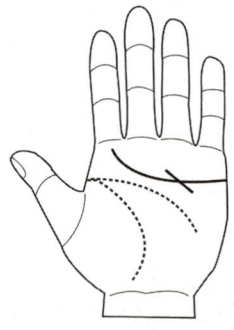

감정선에 길게 X자로 가로지르는 지선이 있는 경우는 직감과 영감이 뛰어나서 무속이나 종교 역술에 관련된 일을 하는 사람들이 많다.

23) 막 쥔 손금의 감정선

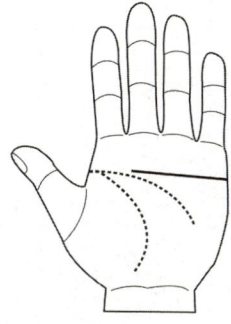

감정선과 두뇌선이 닿을락 말락하여 막 쥔 손금은 조실부모하여 외롭게 자라거나, 그렇지 않으면 성장한 후에도 부모의 도움으로 무엇을 하려고만 하면, 하는 일마다 여의치 않게 된다. 그러므로 일찍부터 부모와 떨어져 자수성가 하여야 한다.

24) 목성구를 지나 아래로 향하는 감정선

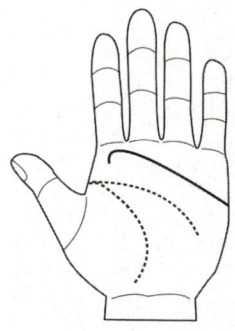

감정선이 목성구를 지나 아래로 쭉 쳐진 경우는 감정의 변화가 심하여 대인관계와 사회생활에 어려움을 겪는다. 이런 손은 상대의 감정을 무시하는 기질로 인해 부모와도 의견 충돌을 잘 일으키므로 일찌감치 부모 곁을 떠나 자수성가 하는 것이 오히려 편하다.

25) 금성구 쪽으로 지선이 뻗은 감정선

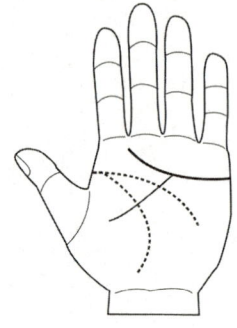

감정선에서 나온 지선이 금성구로 뻗은 손금은 다분히 이중적이라서 속내를 알 수 없는 꿍꿍이가 있거나 이중생활 등을 하여 주변 사람을 놀라게 하며 심지어 가족마저도 속이며 주변상황을 혼자 마음에 담아두고 비밀스런 생활을 하는 경우도 있다.

26) 아래에서 낮게 시작한 감정선

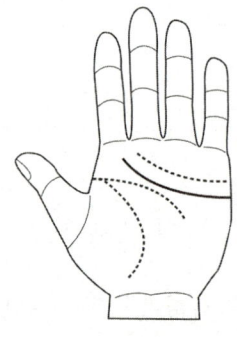

감정선이 평균보다 아래에 있는 경우는 신속하고 빠른 판단력과 비상한 머리를 바탕으로 성공을 하는 경우가 많아 관운도 좋고 출세도 빠르다.

27) 끝이 양쪽으로 갈라져 있는 감정선

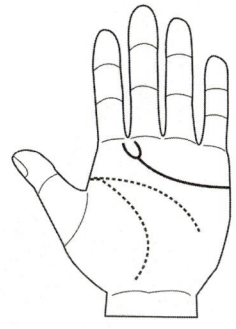

끝이 검지와 중지 양쪽으로 갈라진 감정선은 주변의 어려운 사람을 도와주고도 오히려 크게 배신을 당할 수 있다. 그러므로 이런 손금은 사람들과의 만남도 오래 가지 못하고 수시 이별하며 고독하게 살아갈 수 있다.

28) 중간 부분이 이중으로 된 감정선

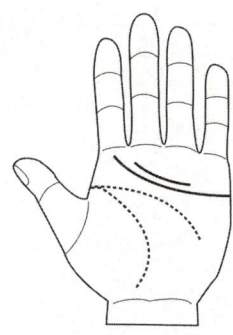

중간부분에 감정선이 이중으로 있는 경우는 방종한 애정생활을 한다. 이런 감정선을 가진 사람은 애정관계가 복잡하여 부부간에 불화를 자초한다. 이중감정선이 본 감정선의 끝까지 똑같이 간 경우는 두 집 살림을 하여 양쪽에 자식을 보거나 아니면 중혼을 하는 경우도 있다.

7장 삼대선에 따른 특징　155

29) 토성구로 지선이 뻗은 감정선

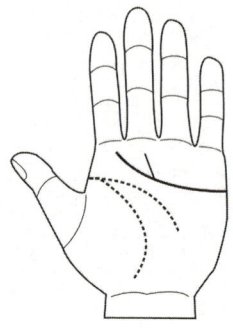

감정선에서 토성구를 향해 지선이 쭉 뻗어나가는 경우는 귀인의 도움을 받을 상으로서 어려울 때 후원자를 만나거나 횡재수를 만나 큰 부자가 되기도 하며 국가나 사회단체의 도움으로 커다란 성공의 기회를 얻기도 한다.

30) 운명선과 만나는 감정선

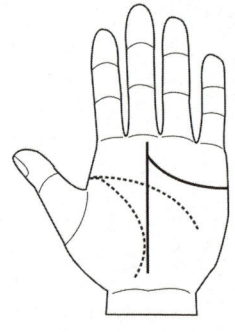

중지를 향한 깊고 뚜렷한 감정선의 끝이 일자로 쭉 뻗어 올라온 운명선과 만나는 사람은 인덕도 있고 자식운도 좋으며 귀인의 도움으로 상업이나 직장생활 모두 성공지수가 높다. 이런 감정선은 운명선과 꼭 만나지 않더라도 주변의 도움으로 성공한다.

31) 중지 아래에서 급격히 밑으로 쳐진 감정선

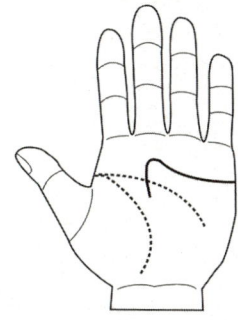

감정선이 쭉 뻗어 나가다가 중지 아래에서 급격하게 아래로 구부러진 경우는 깊은 실연의 상처로 큰 아픔을 겪게 되며 그로 인하여 애정의 파탄과 이혼을 겪을 수 있다.

32) 심하게 구부러진 감정선

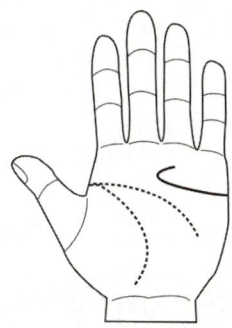

감정선의 끝이 심하게 곡선형으로 구부러져 있는 사람은 한 군데 진득하게 오래 있지를 못한다. 이런 사람은 직업도 여러 곳을 돌아다니는 직업이 적성에 잘 맞는다. 사무직보다는 현장에서 몸으로 때우는 일이 더 적성에 맞다.

33) 중지와 검지 사이의 아주 짧은 감정선

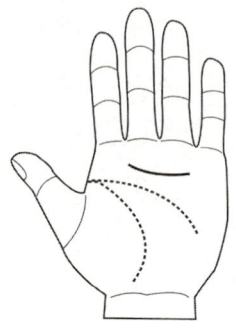

이런 감정선을 가진 사람은 매우 치우친 감정의 소유자로 때로는 극단적으로 정열적이고, 때로는 극단적으로 냉정하다.

34) 끝이 완전히 다른 방향으로 갈라진 감정선

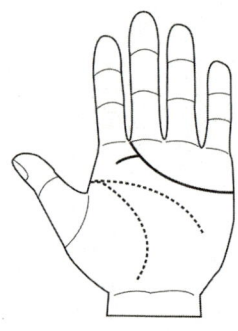

감정선의 끝이 목성구 아래에서 완전히 다른 방향으로 갈라지고 한쪽 끝은 검지와 중지 사이로 빠진 경우는 이혼의 가능성이 매우 높은 손금이다.

2순위선

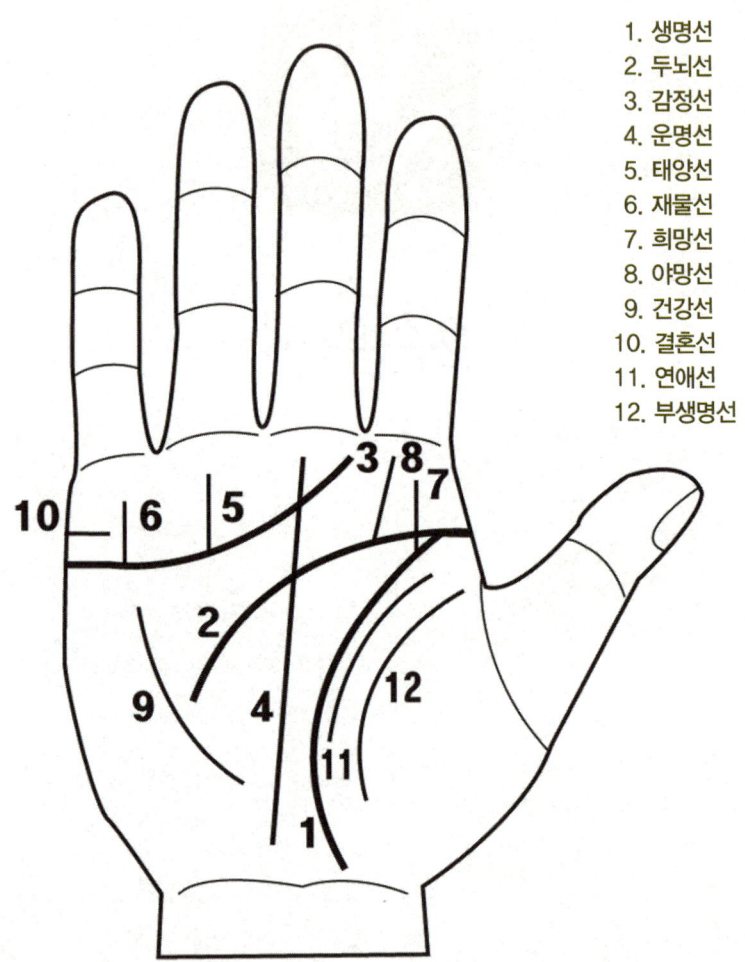

01 생명선 생명력의 강약, 건강상태, 질병의 유무, 선천적 자연적 수명의 장단 등을 나타낸다.

02 두뇌선 두뇌선을 기준으로 천지(정신과 물질)를 나눈다. 생각과 사고를 관장하고 지능의 발달상태, 두뇌의 질병, 명석함, 기억력, 깊은 사고와 통찰력 등을 나타낸다.

03 감정선 마음과 감정을 관장, 심성과 개성을 표시, 애정과 갈등, 인생의 환희와 비애 등을 나타내며 길이에 따라 정신형과 물질형의 특성차이를 나타낸다.

04 운명선 직업선, 인생의 노력과 흥망성쇠, 행운과 불운, 환경의 변화, 결혼의 길흉 등을 나타낸다.

05 태양선 인기, 신용, 성공, 예술적 자질, 감수성, 명성과 번영, 행운과 발복, 행복의 상태 등을 나타낸다.

06 재물선 사업적 재능, 경제 경영학 및 과학적 지능, 공간지능, 수리력, 사업적 성공운, 재산운 등을 나타낸다.

07 희망선 도전과 성공, 노력과 야심, 출세지향성 등을 나타낸다.

08 야망선 사회적 성공, 지도력, 리더십, 명예와 공명, 권세욕을 나타낸다.

09 건강선 현재의 건강과 질병, 병에 대한 사전경고 등을 나타낸다.

10 결혼선 혼인관계, 내연과 동거 등의 애정관계, 이성의 인기도, 온화와 애정 박정과 냉정의 상태 등을 나타낸다.

11 연애선(인상선) 인상에 남을 첫사랑, 연애, 결혼, 이별의 시기, 이성과의 관계 등을 나타낸다.

12 부생명선 생명선의 보강, 질병에 대한 면역력, 정력과 스테미너, 정열적 투쟁적 성격, 여성의 경우는 자유분방함 등을 나타낸다.

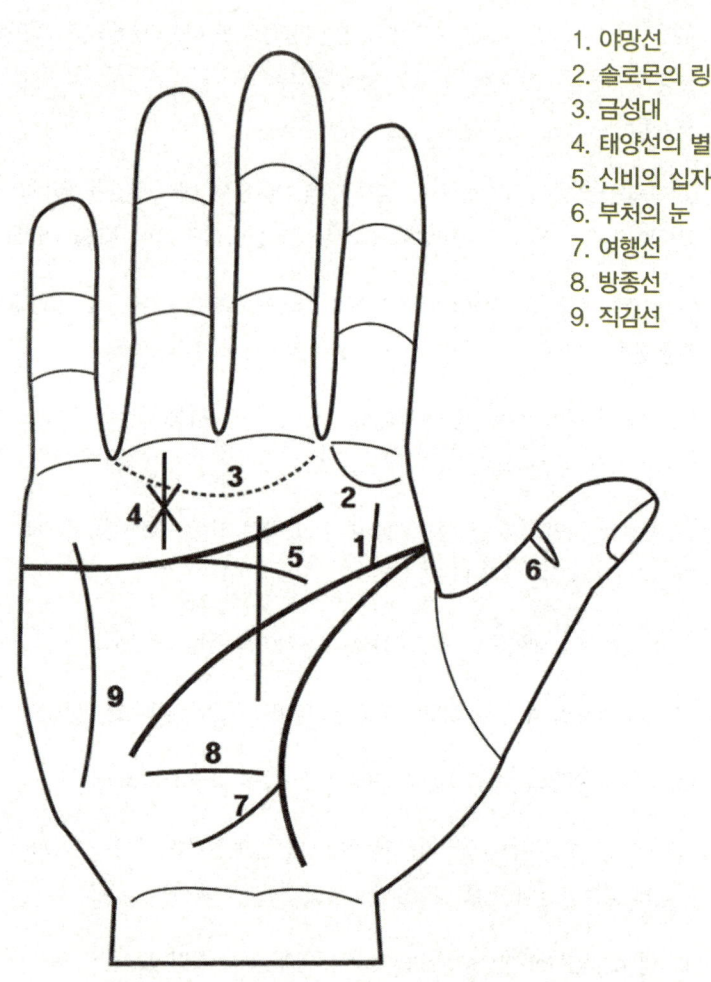

01 야망선 사회적 성공, 지도력, 리더십, 명예와 공명, 권세욕을 나타낸다.

02 솔로몬의 링(목성환) 전문성, 일류권위자, 수상, 인상, 역술 등의 대가적 자질 등을 나타낸다.

03 금성대 정신적인 사랑, 강렬한 감수성, 색정과 호색, 민감성, 신경질적이나 히스테리 성향 등을 나타낸다.

04 태양선의 별 인기절정, 눈부신 발전, 최고의 명예, 성공보장, 주변의 관심과 사랑 등을 나타낸다.

05 신비의 십자 실패와 좌절을 의미, 조상의 음덕으로 극복, 운명술의 대가, 종교적 성향 등을 나타낸다.

06 부처의 눈 신앙심이 강함. 초능력자에게 자주 보이는데 초능력까지는 아니더라도 날카로운 영감을 가진다.

07 여행선 역마성, 외향적 성향, 외유와 외도, 여행의 시기와 그에 따른 길흉 등을 나타낸다.

08 방종선 불규칙적이고 무절제한 생활, 정력의 소비, 심신의 과로, 주색잡기, 격렬한 섹스, 자위행위, 음주, 마약 등 방탕한 생활 등을 나타낸다.

09 직감선 예감, 영감, 투시력, 특이한 민감성, 점술, 운명감정 등의 비상한 능력 등을 나타내는데 예술형, 공상형, 철학형의 손에는 잘 안 나타난다.

1. 운명선

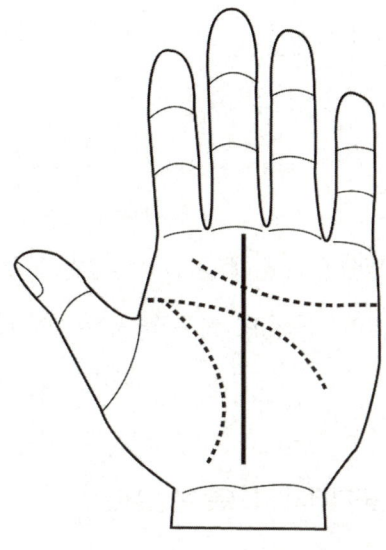

　운명선은 직업선이라고도 하는데 인생행로의 변화와 그로인한 사업의 성패, 행불행 등 인생의 흥망성쇠를 나타낸다. 운명선은 태양선과 함께 있어야 그 작용력이 확실하지만 삼대선에 비해서는 부차적인 의미이다. 그러므로 운명선은 독립적으로 볼 것이 아니라 삼대선과 함께 연계하여 보아야 한다. 운명선은 대부분은 수경선 조금 위에서 출발하지만 생명선, 두뇌선, 감정선, 화성평원, 금성구, 월구 등에서 출발하여 토성구로 향하는 선을 말한다. 운명선은 예술형, 공상형, 철학형 등의 정신유형의 손에 많이 나타나며 실무형, 활동가형, 원시형 등 물질유형의 손에는 덜 나타난다. 운명선이 없는 사람도 있는데, 그렇다고 꼭 성공을 못하는 것은 아니다. 손금에서 사람의 운명은 손의 형태나 삼대선 등을 종합해서 보는 것이 더 중요하기 때문이다.

1) 수경선에서 토성구까지 곧게 뻗은 운명선

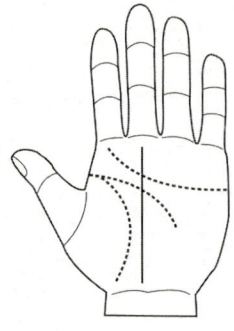

가장 바람직한 운명선이다. 삶에 큰 굴곡이 없는데 부모의 도움 없이 자수성가할 타입으로 성공 가능성이 매우 높다. 여기에 태양선이 더하면 그 길함이 배가한다.

2) 토성구를 지나 중지까지 파고든 운명선

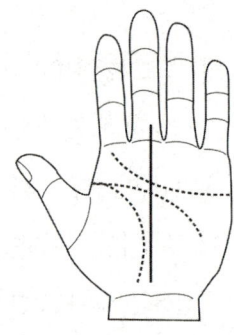

이런 운명선은 크게 성공할 길상이다. 그러나 오히려 지나친 야심으로 사업에 실패하거나 도산하여 불행하게 되거나 권세나 재물이 불러오는 역효과로 비운의 종말을 맞게 될 수도 있다. 여자는 일찍이 배우자와 사별하고 후처가 되는 사람도 많다. 예로 도요토미 히데요시의 손이 그런 상이다.

3) 월구에서 출발하는 운명선

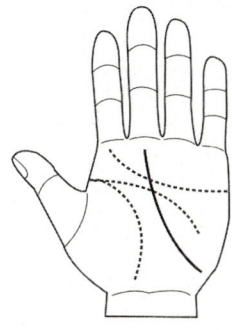

외부인의 조력으로 성공하고 주위로부터 인기를 얻는 손금이다. 여행을 좋아하고 공상을 즐기는 낭만적인 성격으로 주변에 늘 사람들이 잘 따른다. 태양선까지 잘 발달해 있으면 예체능분야나 뷰티아티스트분야에서 인기를 얻고 성공할 수 있다.

4) 끊어진 부분이 중복되어 이어진 운명선

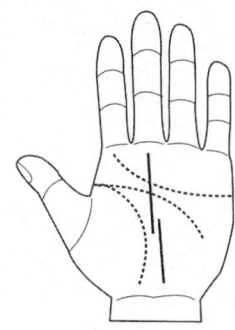

이 경우는 해당하는 나이에 주거나 직업, 사회성 등의 변화를 나타내는 것으로 위로 이어진 부분의 상태에 따라 좋을 수도 있고 나쁠 수도 있다. 위쪽이 힘차고 곧게 뻗어 있을수록 좋은 방향으로의 변화를 나타낸다.

5) 중간의 끊어진 곳에 사각문양이 있는 운명선

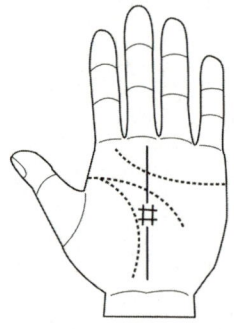

운명선이 중간에 끊어지면 해당하는 나이에 실패, 불운, 역경, 직업변화, 주거변동 등을 암시한다. 끊어진 폭이 클수록 불운이 크며 배우자와 사별, 이혼 등도 암시하지만 끊어진 부분에 사각문양이 있는 경우에는 어려움이 생겨도 귀인의 도움으로 잘 극복하고 넘길 수 있다

6) 두뇌선과 교차점에 섬이 있는 운명선

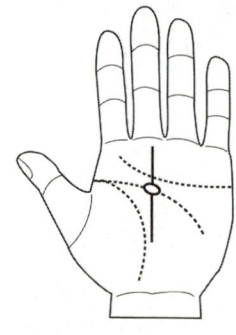

두뇌선과 교차점에 섬이 있는 경우는 자신의 잘못된 생각이나 판단, 보증문제 등으로 인해 어려움을 당하고 실패한다. 그러나 섬 위로 운명선이 잘 뻗어 있다면 일시적인 어려움을 잘 극복하고 인생을 다시 개척해나가게 된다.

7) 중간에 장애선이 있는 운명선

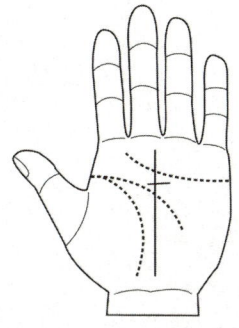

운명선 중간을 가로지르는 선을 장애선이라고 하는데 이 경우는 40세~60세 사이 중년기의 인생의 실패와 좌절을 암시한다. 하지만 대부분 조상의 음덕으로 어려움을 극복하게 된다. 이런 시기에는 주변의 그럴듯한 유혹을 조심해야한다.

8) 끝에 성문이 있는 운명선

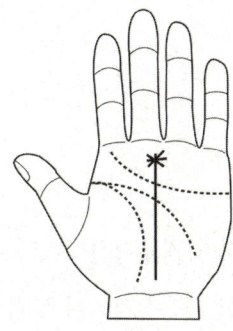

이런 운명선은 커다란 불의의 재난과 사고, 실패 등을 암시한다. 토성구에 있는 성문과 운명선이 결합되어 있다면 이 또한 십자의 장애선과 같이 불길한 운명을 암시한다. 히틀러의 손이 이러한 경우이다

9) 손가락 사이로 지선이 빠져나간 운명선

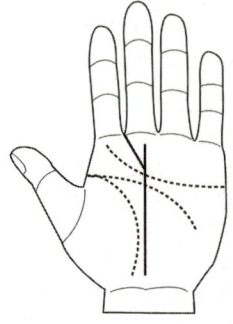

매사 순조롭고 양호하며 사업적 수완과 능력도 좋다. 그러나 이런 손금은 낭비성향도 심해 알뜰한 저축생활을 하기 힘든 면도 있다.

10) 끝이 태양구 쪽으로 기운 운명선

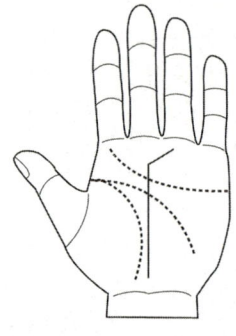

똑바로 중지까지 올라가다가 태양구 쪽으로 급격히 기울어진 운명선은 그 사람의 성공 운세가 대단히 강하여 크게 발전하고 자수성가하여 부귀명예를 얻을 상이다.

11) 향상선들이 위로 뻗어 올라간 운명선

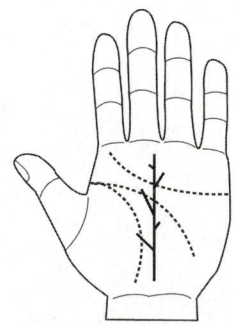

만사형통으로 운이 확 풀려나가는 운세를 나타낸다. 위로 뻗은 지선들은 운명선의 에너지를 더욱 강하게 해주므로 이런 지선들이 나타나면 그때부터 그 사람의 운세가 불같이 일어나 꿈과 희망이 실현 된다.

12) 태양구 쪽으로 지선이 뻗은 운명선

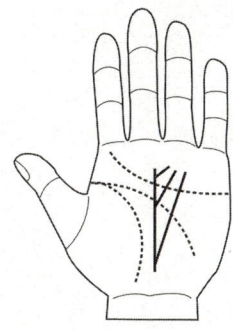

운명선이 태양구 쪽으로 뻗어 가거나 운명선에서 나온 지선들이 태양구를 향하여 확실하게 뻗어 있으면 태양구의 에너지를 받아 자기 전문분야에서 최고의 인기와 명예를 얻고, 금전적으로도 크게 성공한다.

13) 목성구 쪽으로 지선이 뻗은 운명선

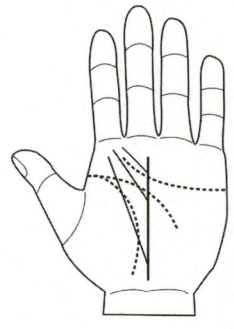

목성구로 뚜렷한 지선이 뻗은 운명선은 강력한 리더십을 가지고 군인, 검찰, 경찰, 정치인, 법률가, 행정직, 무관 등으로 성공하여 권력을 가지게 된다. 또한 타고난 도전정신으로 권력과 명예를 구하기 위하여 열심히 노력하기 때문에 성공하게 된다.

14) 검지와 중지 사이로 빠져나간 운명선

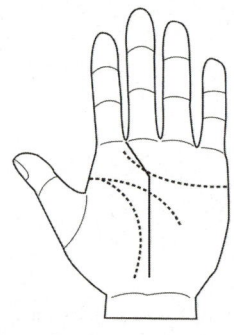

운명선의 끝이 검지와 중지 사이로 구부러짐이 없이 반듯하게 빠지면 정치, 법률, 행정면에 능력을 발휘하고 지도력과 리더십이 뛰어나 CEO나 무관으로 두각을 나타내게 된다.

15) 중지와 무명지 사이로 빠져나간 운명선

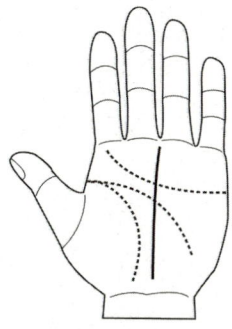

운명선이 월구에서 시작하여 완만한 곡선을 그리며 올라가다가 중지와 무명지 사이로 나간 경우는 사교성이 좋고 대인관계가 원만하여 대중적 인기와 호감을 얻고 유행을 타는 예체능계 뷰티산업분야 등에 적합하다. 타고난 호감형으로 영업직도 좋다.

16) 두 줄로 곧게 뻗은 운명선

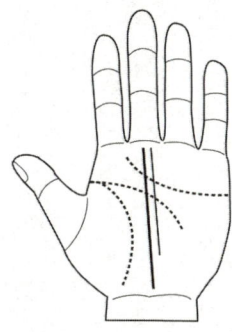

운명선이 확실하게 뻗어있는 것만도 길상인데 거기에 또 하나가 있는 경우는 그 에너지를 두 배 더하는 것이다. 그림처럼 처음부터가 아니고 중간에서 하나 더 있는 경우는 중년부터 일이 잘 풀려 말년까지 대성하게 된다.

17) 세 줄로 뻗은 운명선

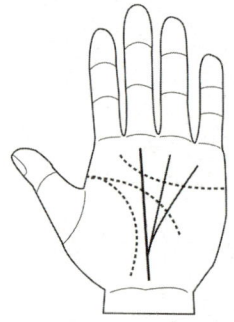

중지, 약지, 소지로 운명선이 세 줄로 나간 사람은 기업체의 CEO가 되거나 무역업, 연예산업, 요식업, 프랜차이즈산업 등으로 큰 성공과 명성을 얻게 되는 길상이다. 이 경우는 운명선이 세 줄이 아니고 운명선 태양선 재정선이 삼지창을 이룬 것이다.

18) 두 줄이 꼬인 듯이 올라간 운명선

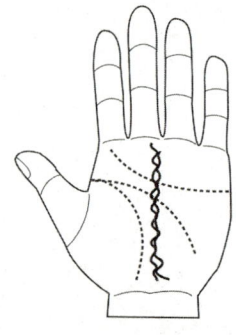

운명선이 두 줄로 꼬여서 올라간 경우는 큰 성공이나 출세를 할 수도 있지만 인생을 살아가며 수많은 애환을 겪게 되는데 특히 두 줄이 교차되는 지점은 불운과 불행을 주의해야 한다. 애정문제, 불륜 등으로 가정을 버리거나 조강지처와 불화할 수도 있다.

19) 두뇌선과 붙은 운명선

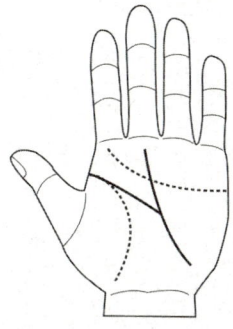

짧은 두뇌선과 운명선이 만나는 사람은 비관적인 생각을 많이 한다. 운명선이 월구에서 시작하여 구부러져 올라오면 더욱 심하며, 자식운도 불리하여 자손이 없거나 장애아 등 자식문제로 근심거리를 안게 된다.

20) 생명선과 붙은 운명선

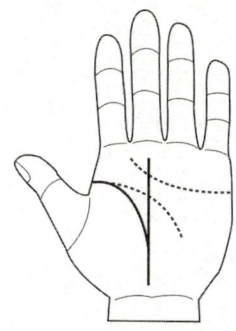

생명선과 붙어 있는 운명선은 신경이 예민하고 과격하여 어려움을 겪는다. 흉액을 겪거나 심한 경우에는 순간적으로 자제력을 상실하여 자살까지 하는 수도 있으며 운명적으로 명이 짧을 수도 있다.

21) 월구에서 온 지선과 만나는 운명선

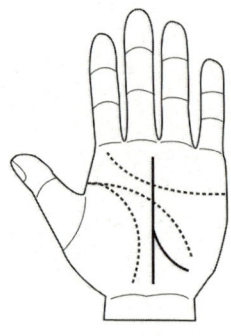

이 경우는 자신의 노력에 외부인의 조력과 도움이 더하여 성공하게 되는 선이다. 열심히 일을 하다가 위기에 당면하면 귀인의 도움으로 어려움을 극복하고 한층 발전하게 된다. 이 시기에 주로 좋은 배우자의 인연을 만나는 경우가 많다

22) 구불구불한 곡선형의 운명선

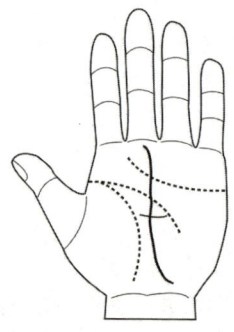

이러한 운명선은 인생에 많은 기복과 직업변화 등을 겪게 된다. 운명선이 구불구불한 곡선인데 중간에 끊는 지선까지 있으면 슬하에 자식을 두기 어렵거나 자식 문제로 많은 근심과 걱정을 안게 된다.

23) 끝부분이 넓은 Y자 모양의 운명선

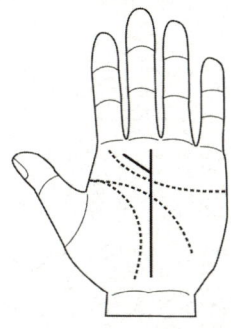

Y자 모양으로 끝이 갈라진 운명선은 투잡(two-job)을 하는 경우가 많다. 직장생활을 하면서 부업으로 장사를 하는 수도 있고 여러 가지 재능으로 한 직장에서 두 가지 이상의 업무를 맡거나 동시에 여러 가지 임무를 수행하는 경우도 있다.

24) 끝 부분이 좁은 Y자 모양의 운명선

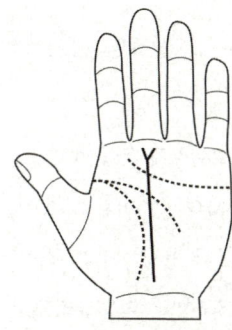

끝이 좁은 Y자 모양으로 벌어져서 길게 난 운명선이나, 좁은 Y자 모양의 운명선이 길게 두 줄로 올라가면 행운이 두 배가 되는 길상이다.

〈운명선과 손의 모양〉

물질적 성향의 실무형, 활동가형, 원시형 손에는 운명선이 없는 경우도 있으나 정신적 성향의 예술형, 공상형, 철학형 손에는 운명선이 두드러지게 나타난다. 운명선은 물질적 성향의 사람보다는 정신적 성향의 사람에게 더 강하게 작용하므로 실무형, 활동가형, 원시형 손에 나타나는 운명선은 예술형, 공상형, 철학형 손에 나타나는 운명선과는 다르게 보아야 한다. 그러므로 물질적 성향의 손에 나타난 약한 운명선을 보잘 것 없이 보아서는 안 된다.

▶ 인생의 흥망성쇠를 나타내는 운명선이 곧은 직선이 아닌 파상선이나 여러 개의 중단선으로 되면 파란 많은 운명을 살게 된다.

▶ 운명선이 지선이나 태양선이 없이 단 하나 빈약하게 토성구로 올라간 경우는 환경의 틀에 매여 시련과 고난, 고통에서 벗어나지 못하고 다른 사람의 도움을 받지 못하고 비애, 비극의 운명으로 불행하다.

▶ 좋은 운명선과 함께 길고 좋은 두뇌선이 있으면 반드시 지능적인 면으로 성공한다.

▶ 운명선과 나란히 태양선이 뚜렷할 때 행운과 성공이 확실하게 나타난다. 그러나 아무리 좋은 운명선, 태양선이라도 3대선보다는 2차적인 의미를 지니므로 그 선들이 없다고 불운하거나 불행하다고 섣불리 판단하면 안 된다. 사람의 운명, 특히 재능과 적성은 손의 모양에 따른 유형과 3대선의 상태 그리고 손가락과 구(丘)의 상태에 따라 더 영향을 받는다.

▶ 운명선이 없는 손이 두뇌선도 빈약하면 특별함이 없는 평범한 인생을 살게 된다. 단조롭고 변화 없고 볼품없는 생활 속에서 큰 발전이 없고 인생의 목적의식이 뚜렷하지 않은 사람이다.

2. 태양선

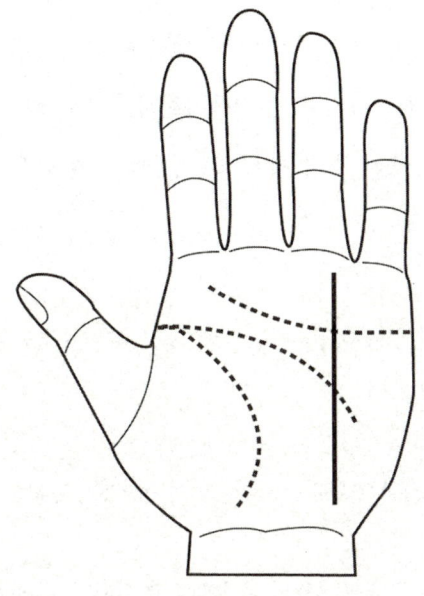

어디에서 시작했건 태양구를 향해 올라간 선은 태양선이라고 한다. 태양선은 생명선, 월구, 운명선 등 여러 곳에서 출발한다. 이 선은 삼대선 외에 운명선 다음으로 중요한 선이다. 태양선은 인기, 신용, 성공 등을 나타낸다. 하지만 태양선이 확실해도 운명선이 빈약하면 소리만 요란하지 별로 크게 되는 일이 없고, 운명선은 뚜렷한데 태양선이 없으면 열심히 노력하는 것에 비하여 크게 성공을 하지 못한다. 이와 같이 태양선과 운명선은 서로 깊은 상관관계가 있으므로 손금을 볼 때는 운명선과 태양선을 같이 보고 판단해야 한다. 좋은 태양선은 다소 끊어진 데가 있어도 직선으로 확실하게 나타나 힘 있게 약지의 방향으로 뻗는다. 길고 확실한 태양선을 가진 사람은 예술적인 자질도 있고 미적 감각과 감수성이 뛰어나며, 명랑한 성격으로 인기와 명성을 함께 얻을 수 있다.

영국의 수상학자 키로는 『알기 쉬운 손금해설(Palmistry for all)』에서 '아무리 좋은 손금을 가지고 있는 손이라고 해도 태양선이 전혀 없으면 뛰어난 재능과 총명한 머리를 가지고 있어도 사회적으로 인정받고 성공하기 힘들다. 암흑 속을 걷는 것과 같이 비참하고 누구의 도움도 없이 고달픈 인생을 살게 된다'고 강조했다.

▶ 운명선이 없어도 3대선이 뚜렷할 때는 태양선의 기점부터 만사형통 발복의 운세를 맞게 된다.
▶ 태양선이 불운과 불행을 나타내는 운명선과 함께 있는 경우는 불행과 실패와 낙담의 역경에 처해 있어도 겉으로는 밝게 해복하게 즐겁게 긍정적으로 사는 사람이다.
▶ 태양선은 운명선과 함께 정신적 유형의 손에 많이 나타난다. 그렇기 때문에 실무형이나 활동가형, 원시형 등의 물질적 유형의 손에 좋은 태양선이 나타나면 그 힘과 작용력은 두 배로 강하게 나타난다. 운명선도 마찬가지다.
▶ 정신적 유형의 예술형, 공상형, 철학형 손에 태양선이나 운명선이 없으면 그 사람이 아무리 뛰어난 재능과 재주를 가졌어도 사회적으로 크게 성공하거나 빛을 보지 못하게 된다.
▶ 공상형 손에 좋은 태양선과 운명선이 함께 나타나고 월구로 경사진 두뇌선을 동반하면 문화, 예술, 예능, 문필, 뷰티산업 분야 등에서 크게 성공할 수 있다. 공상형 손은 감동적, 정서적, 예술적 성향을 띠기 때문이다.
▶ 철학형의 손에 태양선이 있는 경우는 단순히 밝고 쾌활하고 즐거운 인생을 의미한다. 철학형 손은 애초에 부귀나 명예, 세속적 성공에는 크게 관심이 없기 때문이다.

1) 운명선의 기점에서 시작하는 태양선

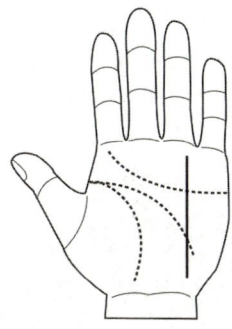

태양선이 운명선의 기점과 비슷한 지점에서 시작해 힘차게 뻗어나간 사람은 주위로부터 인기와 신용을 얻어 크게 성공할 상이다. 주변에 함께 할 친구가 많아 늘 정을 나누며 즐겁고 행복하게 생활한다.

2) 월구에서부터 시작하는 태양선

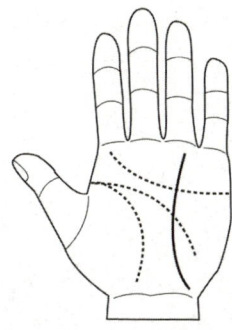

월구에서 시작한 태양선이 힘차게 뻗어나가면 사회적으로 크게 명성을 얻거나 성공한다. 손 모양과 두뇌선이 정신적 유형이면 배우, 가수, 무용수, 종교가 등 예체능방면에서 성공하고, 물질적 유형이면 직장, 사업, 발명 등 사회적 성공을 이룬다.

3) 두뇌선에서 시작하는 태양선

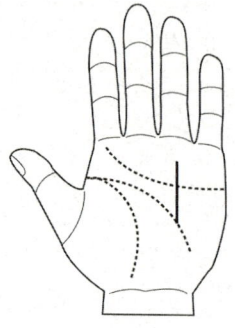

두뇌선에서 시작하여 힘차게 뻗은 태양선은 대체로 중년부터 뛰어난 학식과 지능에 의해 성공하게 된다. 문필가, 학자, 소설가 등 대체로 지식 노동자에게 이러한 손금이 많다.

4) 감정선에서 시작하는 태양선

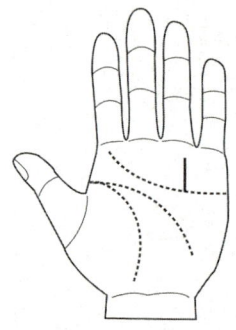

감정선에서 시작한 태양선은 착실한 생활로 신용과 인기를 얻을 수 있는 상이다. 이런 사람은 풍부한 감수성으로 예술, 예능, 의학 방면 등에서 성공한다. 55세 이후 60세 무렵부터 말년의 성공과 행복을 나타낸다.

5) 두 줄로 뻗은 태양선

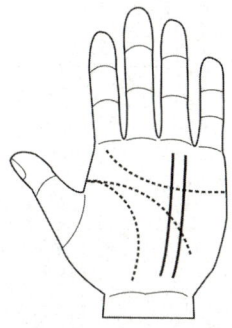

같은 방향으로 지선이 뻗어 있는 태양선은 사회적으로 크게 인기와 명성을 얻을 상이다. 이 같은 사람은 투잡(two-job)을 하여도 성공을 하게 된다. 이 경우는 본업과 부업 모두 성공하는 경우이다.

6) 성문이 있는 태양선

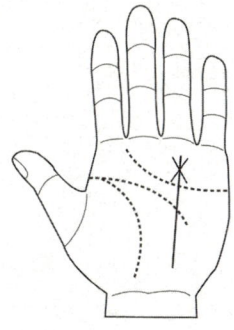

태양선 끝에 성문이 나타나면 인기와 명성이 올라가 크게 성공을 하게 된다. 장사를 하는 사람이면 신용을 얻어 많은 고객이 오게 되고 또 인기를 위주로 하는 직업의 사람은 크게 히트를 치게 된다.

7) 토성구로 지선이 뻗은 태양선

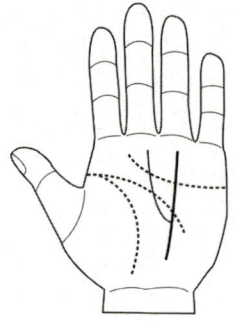

태양선의 중간에서 지선이 나와 토성구 쪽으로 가는 손금은 특별한 지식이나 노하우 등으로 성실하게 노력하여 성공 할 수 있다. 하지만 이런 손금의 사람은 파란 많은 인생을 사는 경우가 많다.

8) 수성구로 지선이 뻗은 태양선

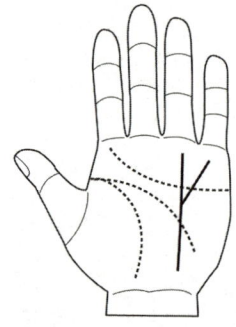

태양선이 명확하게 있고 수성구로 지선이 있는 경우는 상업이나 중개업, 변호사업, 무역업 등에서 성공하는 경우를 많이 볼 수 있으며 큰 재물을 얻어 대성을 하게 된다. 또 실업계, 과학 방면, 재무회계, 프로게이머 등으로 대성한다.

9) 검지로 지선이 뻗은 태양선

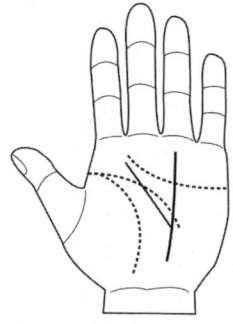

태양선의 중간에서 지선이 나와 목성구로 올라가면 아주 좋은 길운을 나타내며 권위, 명예, 지위, 신용, 지도력, 재물 등을 얻어 크게 성공할 수 있다. 의회의원 등의 손에서 볼 수 있는 손금으로 사회적 지위나 재산을 얻게 된다.

10) 사각문양이 나타난 태양선

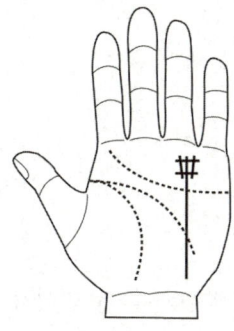

태양선에 사각문양이 나타나면 운세에 큰 변화가 생긴다. 사각문양이 나타나는 시기에 그 사람의 지위나 명예, 신용과 인기 등에 큰 장애가 생기는데 주변의 조력과 도움으로 극복하게 된다. 사각문양은 태양선의 힘을 보강하는데 불운을 만나더라도 치명적 타격을 면하고 가볍게 마무리 된다.

11) 구불구불한 태양선

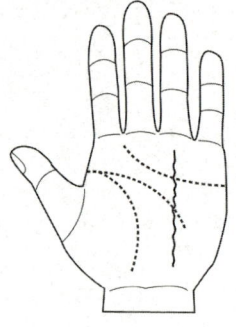

파상선은 태양선의 좋은 작용을 반감시켜 성공운이 있다 해도 불안정하고 연속성이 없다. 이런 손금의 사람은 자신감과 주관이 뚜렷하지 못하고 이리저리 방황하는 경우가 많다.

12) 태양구에 나타나는 서너 개의 태양선

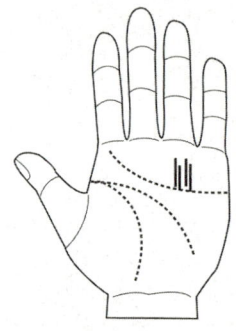

태양구에 2~3줄의 태양선이 나타날 경우는 태양선의 좋은 의미가 더욱 강화되어 중년 이후부터 많은 행운이 따른다. 하지만 태양선이 희미하게 4~5줄 이상 너무 많을 경우 쓸데없이 이상과 꿈만 크고 사치와 낭비가 따를 수 있다

13) 감정선을 끊는 서너 개의 지선으로 된 태양선

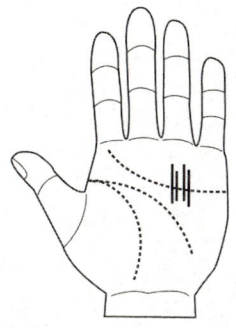

 서너 개의 가는 지선으로 된 태양선이 감정선을 끊고 있으면 쓸데없이 너무나 여러 곳에 관심을 두어 사업운, 직업운 등에 오히려 장애가 생겨 성공과 발전이 저해되고 어려움을 겪게 된다.

14) 두뇌선의 아래에서 끊어진 태양선

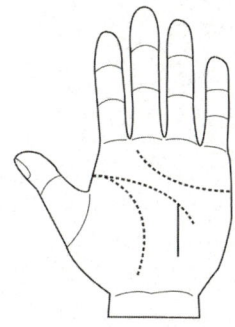

 두뇌선에 막혀서 올라가지 못하고 끊어져 있는 태양선은 초년에는 탁월한 재능으로 화려한 인기와 신용을 얻고 성공을 하지만 40세경 이후부터 정신적인 문제나 생각과 사고, 기타 이상한 연유로 인하여 실패하게 되는 것을 나타낸다.

15) 지선이 중간을 가로지르는 태양선

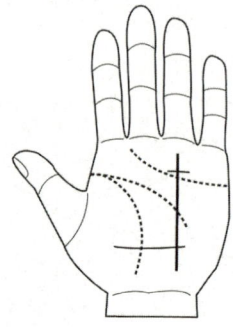

태양선을 중간에서 지선이 가로지르며 끊으면 여러 가지 장애로 운기가 약해진다. 장애선이 굵고 길수록 어려움도 큰데 만약 금성구에서 시작한 장애선이 태양선을 끊는다면 이성의 간섭과 방해, 친척과 가족 등으로 인한 손실과 불운을 겪는다.

16) 여러 토막으로 끊어진 태양선

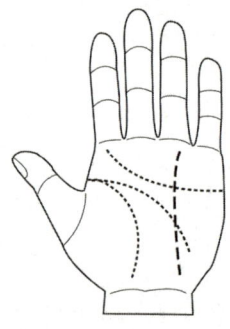

이런 태양선은 삶에 기복이 심하고 안정적이지 못하며 사업이나 직업에 변화가 많고 성공하지 못한다. 하지만 태양선은 수시로 변하므로 잘 관찰하여야 한다.

17) 중간에 섬이 있는 태양선

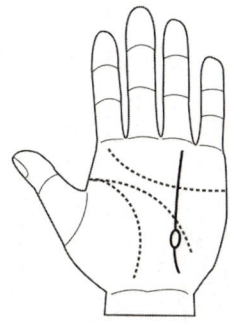

태양선에 섬이 생기면 그 시기에 운세가 막혀 주변에서 인기와 신용을 잃고 점차로 지위나 명예도 잃어 불운하게 된다. 손금에서 섬은 대단히 흉하여 부정한 사건에 연루된 실패, 곤란, 어려움, 불안정한 운세 등을 나타낸다.

18) 중간에 십자문양이 있는 태양선

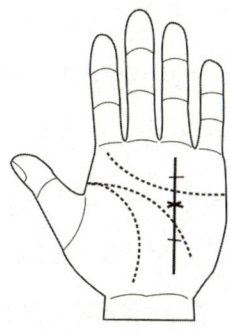

태양선 중간에 십자문양이 나타나면 명예, 지위, 신용, 인기 등에 커다란 장애가 생긴다. 만약 연예인 등 인기를 직업으로 하는 사람이 이 십자문양이 나타나면 스캔들이나 기타 여러 이유로 인하여 인기가 떨어지게 된다.

3. 건강선

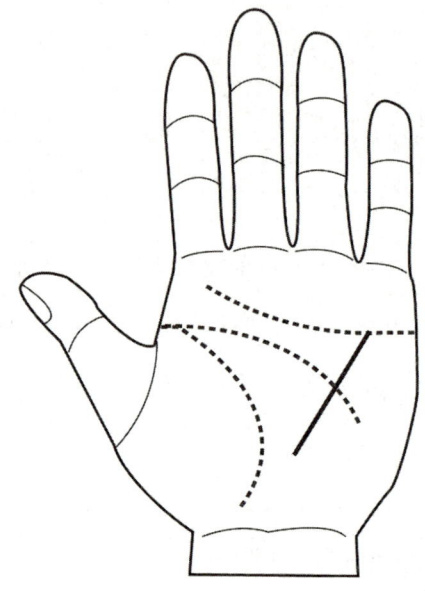

　수성구에서 시작해 생명선으로 경사지게 내려온 선을 건강선이라 하는데 건강선은 생명선과 함께 현재의 건강상태나 질병의 유무를 표시한다. 그러므로 건강선은 다른 선에 비하여 변화가 심한데 끊어짐 없이 일직선으로 연결된 건강선은 아주 건강한 상태를 나타낸다. 생명선은 질병, 사고 등이 없을 경우 자연수명의 장단을 나타내지만 건강선은 현재 나타나는 건강의 변화와 질병을 나타내고 질병에 대한 사전경고를 의미한다. 건강선을 볼 때는 3대선, 손톱, 손바닥의 찰색 등을 종합해서 보아야 한다.

- ▶ 파상선으로 구불거리는 건강선은 간질환이나 갑상선 및 내분비질환을 의미한다. 건강선이 파상선이며 손바닥이 누런 황색을 띠면 간질환 등에 걸린다는 표시이다.
- ▶ 수성구에서 두세 갈래로 갈라진 건강선은 무절제한 성생활과 지나친 섹스로 체력의 쇠퇴를 나타내며 급기야는 빨리 늙게 된다.
- ▶ 건강선에서 출발한 지선이 생명선을 가로지르는데 생명선이 빈약하거나 두 선의 교차점에 섬이 있는 경우 심하면 죽을 수도 있다.
- ▶ 수성구 바로 아래 감정선에서 시작하는 건강선이 폭이 넓고 끝이 생명선에 닿는 경우는 심장질환을 주의 하여야 한다.
- ▶ 두뇌선에서 시작하는 건강선이 빈약한 생명선을 뚫고 지나가면 뇌질환이나 뇌막염 등에 걸릴 수 있다. 이 경우 두뇌선 자체가 빈약하거나 쇄상이거나 섬이 있거나 하면 더욱 가능성이 높다.
- ▶ 건강선은 보통 수성구에서 시작하지만 제2화성구에서 시작되는 건강선은 뇌신경에 손상을 입을 수도 있다.
- ▶ 감정선과 두뇌선을 연결하는 건강선은 뇌졸중 뇌막염의 가능성이 높다. 이 선에 섬이 있는 경우는 두 배 이상 위험하다.

1) 생명선을 끊고 있는 건강선

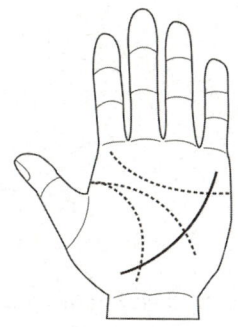

건강선이 생명선을 뚫고 지나가면 질병으로 건강이 위험할 수 있다는 표

시이다. 생명선과의 교차점의 위치로 그 시기를 알 수 있다. 만약 두 손 모두 그렇다면 죽음까지 올 수도 있다.

2) 토막 나서 끊어진 건강선

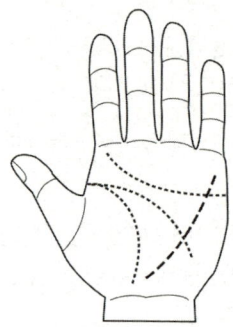

이런 건강선은 흔히 볼 수 있는데 선천적으로 체질이 약하거나 현재 건강에 이상이 있는 사람이다. 특히 비장 위장 등의 소화기 계통이 허약함을 나타낸다.

3) 중간에 섬이 있는 건강선

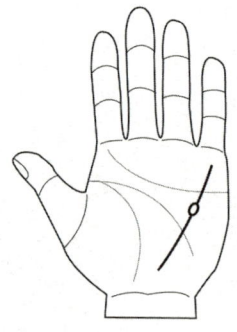

건강선에 섬이 나타나면 이미 어떤 질병이 있음을 나타내데 섬이 클수록 병증이 심하다. 특히 건강선의 하부에 섬이 나타난 경우는 인후부, 기관지,

폐 등의 질병을 나타내며 월구에서 건강선 아랫부분에 섬이 나타나면 신장 방광 자궁의 질병을 예고한다.

4) 중간에 성문이 있는 건강선

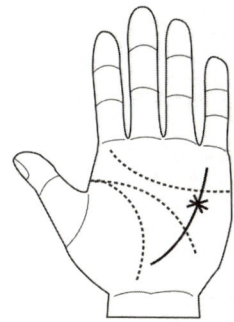

무명지 아래에 있는 성문은 눈에 질병이 생길 징조이다. 남자의 경우 심하면 시력을 잃을 수도 있고 여자의 경우는 불임을 하기도 한다.

5) 소지 뒤로 끝까지 빠지는 건강선

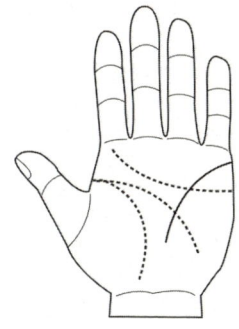

건강선의 끝이 소지에 거의 닿아서 손바닥 뒤로 급하게 빠지는 경우는 대흉하다. 남자는 사고사를 당할 수도 있고 여자의 경우는 남편이 사고사를 할 수도 있다.

4. 결혼선

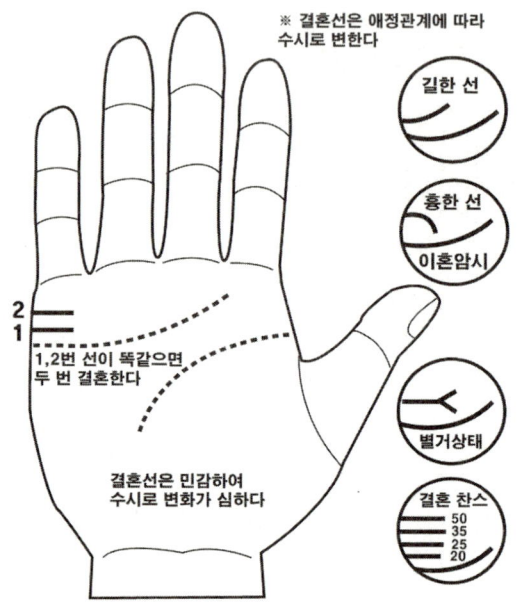

　수성구의 바깥에서 감정선 방향으로 평행으로 있는 선을 결혼선이라 한다. 결혼선은 결혼뿐만 아니라 동거의 경우 등 여러 애정상태를 나타내는데 이는 생명선과 그 안쪽의 인상선, 감정선의 상태에 의해 더욱 확실하게 그 의미가 나타난다. 결혼선이 깊고 뚜렷하고 좋은 혈색이면 온화하고 애정을 지닌 사람을 의미한다. 그러나 약하거나 희미한 결혼선은 그 사람이 애정면에서는 박정하고 냉정한 성격의 소유자임을 나타낸다. 결혼선이 없는 사람은 애정문제에 큰 관심이 없으며 끊어진 결혼선이나 섬, 갈라지거나 아래로 구부러져 꺾인 결혼선들은 모두 결혼생활이나 애정관계의 불행과 파탄을 암시한다.

1) 한 줄만 뚜렷하게 나타난 결혼선

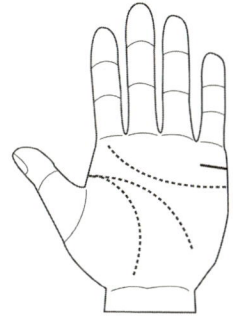

한 줄의 결혼선이 깊고 선명하면 좋은 배우자를 만나 행복한 가정을 이룰 수 있다. 특히 양손 모두 똑같이 나타나 있으면 그 행운이 더 강하다.

2) 두 줄이 뚜렷하게 있는 결혼선

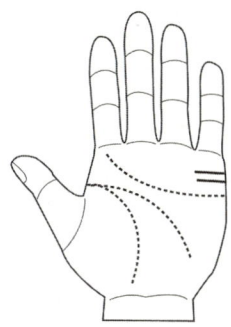

수성구를 삼등분한 위치에 두 개의 결혼선이 똑같이 있는 경우 중혼할 가능성이 높다. 이 경우는 다른 사람과의 재혼뿐만 아니라 오랫동안 별거하며 지내오던 상대와 재결합하는 경우도 많다. 두 줄이 서로 밀접하게 닿아 있는 경우는 삼각관계를 의미한다.

3) 세 줄로 나타난 결혼선

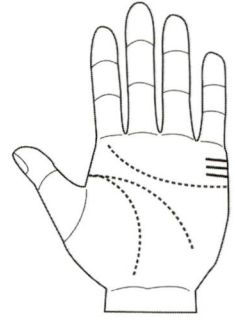

결혼선이 세 줄이면 이복자식이나 성씨가 다른 자녀를 두는 일이 있고 두 집 사림을 하는 수도 있으며 부부관계에 비밀이 많다. 그러나 꼭 결혼선이 둘이면 두 번 결혼하고 셋이면 세 번 결혼하는 것은 아니며 결혼선에 잔선이 많으면 다정다감하고 인기가 많은 사람이라고 보는 것이 좋다.

4) 끝에서 하나로 합해지는 세 줄의 결혼선

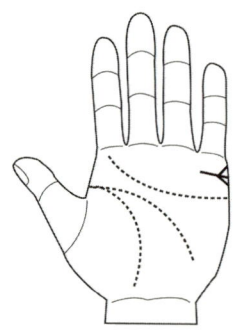

소지 아래 수성구에 있는 결혼선이 세 갈래였는데 하나로 합해진 경우는 세 번 이상 중혼함을 의미한다. 그러나 결국에는 한 사람과 잘 살게 된다.

5) 무수히 많은 결혼선

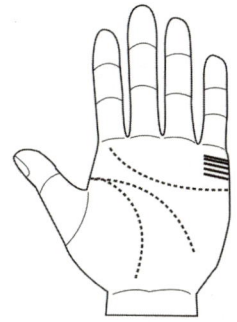

결혼선이 5~6줄로 많은 경우는 혼인여부에 관계없이 많은 이성으로부터 인기를 얻고 교제를 하는 경우가 많다. 그러나 이 선들 중에 하나라도 뚜렷하게 윤곽을 잡고 있다면 안정된 가정생활을 할 수도 있다.

6) 소지 쪽으로 굽은 결혼선

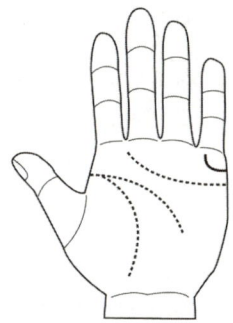

이런 결혼선은 결혼을 하지 않거나 아주 늦게 하는 것을 의미한다. 여자는 독신생활을 하거나 남편을 대신하여 자력으로 사회생활을 하게 되며 남자는 젊은 시절에 아내로 인하여 많은 고생을 할 수 있다. 소지에 가까울수록 심하다.

7) 감정선을 끊고 아래로 내려간 결혼선

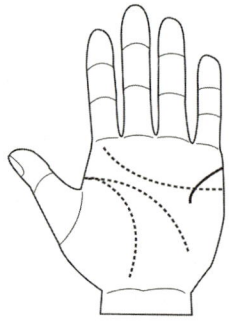

이 선은 두 가지로 해석할 수 있다. 첫째는 부부불화로 인한 결혼생활의 파탄이고, 둘째는 배우자와의 사별이다. 그러나 후자의 경우가 더 많다.

8) 끝이 두 가닥으로 갈라진 결혼선

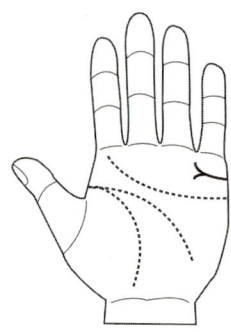

부부간 별거나 이별을 하게 되는 손금인데, 만약 한집에 산다고 해도 각방을 쓴다. 아래로 많이 쳐지면 쳐질수록 별거 기간이 길다. 만약 크게 벌어졌거나 아래로 많이 쳐져 있다면 이혼도 하게 된다.

9) 격자문으로 여러 가닥이 교차된 결혼선

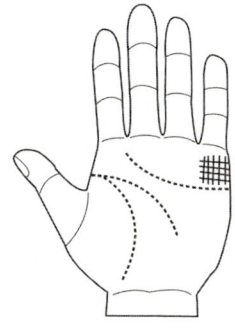

이런 결혼선을 가진 여성은 대부분 바람둥이로 서비스업종의 독신여성이 많다. 이런 손금도 결혼할 시기가 다가오면 선명하고 뚜렷한 한 선으로 변하기도 한다. 만약 결혼을 한 사람이라면 부부간 절대 화목하게 백년해로 하기 힘들다.

10) 끝이 태양선과 만나는 결혼선

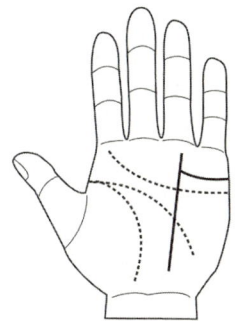

좋은 인연을 만나 축복 받는 행복한 결혼을 하게 됨을 의미한다. 여성의 경우 사회적 저명인사나 부자를 만나 호화결혼을 하게 되는 경우이다. 그런데 끝부분이 하향하여 태양선을 끊고 교차할 경우 결혼으로 지위나 재산을 잃고 불행해진다.

11) 금성대를 지나서 토성구로 들어가는 결혼선

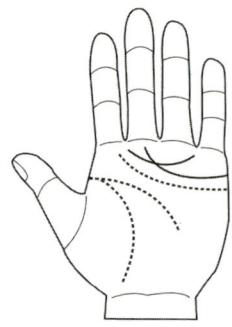

이런 손금은 두뇌선과 감정선이 흉상일 경우 방탕한 결혼생활을 하거나 결혼생활에 문제가 있다. 이러한 손금은 특히 성적 욕정이 많아 원만한 결혼생활을 하기가 힘들다. 그리고 질투로 사람을 의심하거나 불안해하는 히스테리 기질이 있다.

12) 금성구로 지선이 뻗은 결혼선

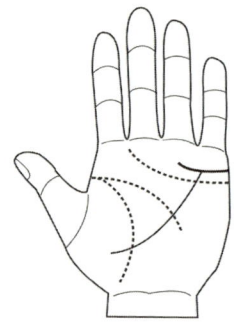

이러한 손금은 부부생활의 갈등과 위기를 표시하며 여러 가지 원인으로 인한 파경과 이혼을 나타낸다. 금성대는 부모나 친척을 의미하므로 그들의 반대나 간섭으로 이별을 하게 된다.

13) 상향의 지선이 있는 결혼선

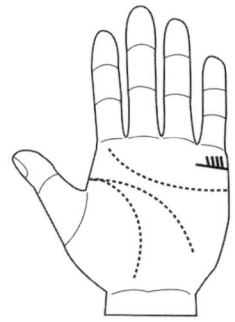

이런 손금은 행복한 결혼생활을 나타낸다. 두터운 애정으로 원만하고 행복한 결혼 생활을 하는데 거기에 더하여 배우자가 경제력까지 좋은 것을 나타낸다.

14) 하향의 지선이 있는 결혼선

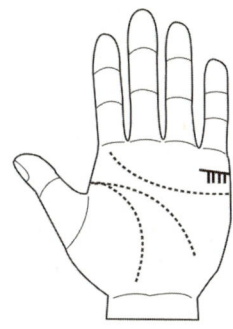

이런 손금은 불행한 결혼 생활을 나타낸다. 애정이 식어 권태기에 빠지거나 배우자가 병에 걸리거나 생활력이 부족해 경제적으로도 어려움을 겪게 되는 흉상이다.

15) 중간에 끊어지거나 섬이 있는 결혼선

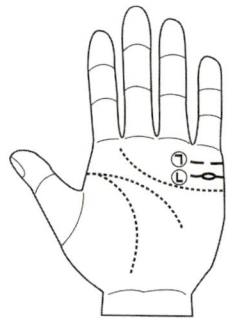

부부갈등과 결혼생활의 파탄, 이혼을 암시한다. ㉠과 같이 결혼선이 선명한데 중간에 끊어져 있으면 이는 별거생활을 의미한다. ㉡과 같이 중간에 섬이 있으면 배우자가 병약하거나 부부이별, 별거 등을 암시한다. 이 경우 결혼선이 길어서 태양선을 끊으면 대부분 배우자와 사별을 한다.

16) 끝에 섬이 있는 결혼선

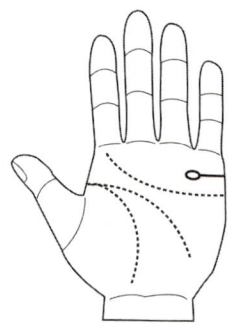

끝에 섬이 있는 경우는 배우자의 질병이나 기타 문제로 생사 이별하게 되는 것을 뜻한다. 하지만 결혼선이 위로 향해 뻗어 있는 경우는 새로운 결혼생활의 희망을 나타내기도 한다.

17) 끝이 장애선으로 막혀 있는 결혼선

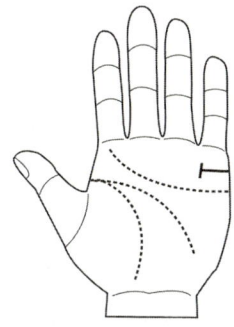

결혼에 장애가 있음을 의미한다. 그러나 만약 결혼선의 끝이 장애선을 조금이라도 넘어섰다면 이는 어떠한 장애라도 극복하고 결혼하는 것을 의미하며 이 장애선이 점점 희미해지면 결혼할 때가 가까워지는 것이다

18) 끝이 심하게 구부러진 이중 결혼선

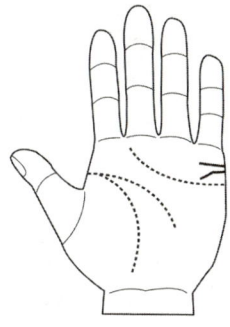

시작과 끝이 서로 다르게 커브를 그리는 결혼선이 이중으로 뚜렷하게 있는 경우는 결혼생활에 문제가 생긴다. 자신의 심리적 변화나 외도, 또는 상대의 불륜 등으로 이혼을 하게 된다.

19) 세 가닥인 결혼선

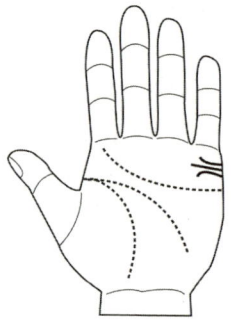

결혼선이 소小자 모양으로 세 가닥이면 남녀 모두 남의 배우자를 쳐다보는 격으로 불륜이나 애정문제로 가정풍파가 심하다.

20) 끊어진 듯이 보이는 결혼선

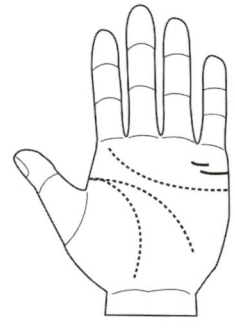

결혼선이 길게 있고 그 위에 끊긴 듯 짧은 선이 하나 더 있는 경우는 혼전 동거 후 결혼 하거나, 자식을 먼저 가진 후에 결혼을 하는 등 힘들고 파란만장한 결혼을 한다.

21) 반듯하지 않고 꾸불꾸불한 결혼선

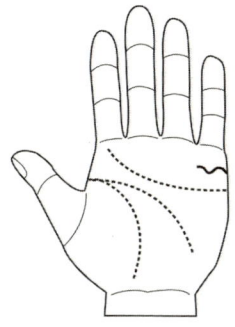

결혼선이 반듯하지 않은 경우는 대부분 독신형으로 혼인이 아주 늦거나 부부간에 애정 없이 권태롭게 살거나 불화를 하는 등 부부운과 애정운이 약하다.

22) 살짝 손목 끝으로 내려온 결혼선

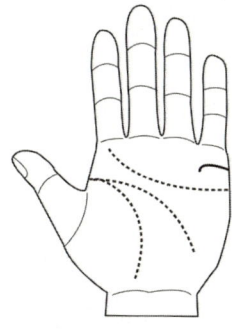

손목 쪽으로 끝이 살짝 내려온 듯이 생긴 결혼선은 길상이다. 부부간에 사랑하고 화합하며 모범적인 결혼생활을 한다.

23) 중간에 섬이 있으며 태양선을 끊은 결혼선

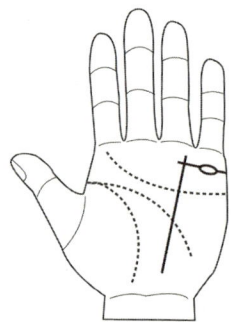

이런 손금은 원만하지 못한 결혼생활 때문에 인기와 명예를 잃어버리거나 불명예스러운 사건이나 스캔들이 원인이 되어 이혼을 하게 되는 것을 나타낸다.

5. 금성대

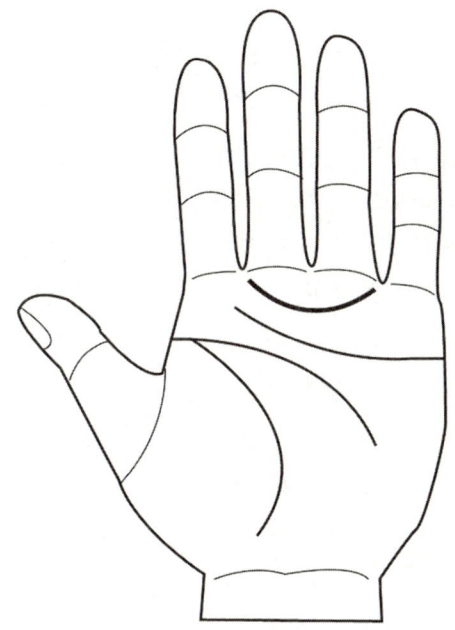

금성대는 토성구와 태양구를 둘러싼 둥근 선이다. 금성대는 보통 희미하게 나타나 있으며 짤막짤막하게 끊어져 있는 경우가 많다. 감수성이 예민하고 외모와 눈에 끼가 있는 사람에게서 금성대가 많이 보이는데 정신적인 사랑을 추구하며 성에대한 관심도가 높다. 금성대가 있는 남자는 호색하고 플레이보이 기질이 있으며 여자는 성적 매력이 있고 애교스럽다. 금성대가 확실하게 있으면 남녀를 불문하고 조숙하며 섹스와 이성에 관심을 갖고 멋을 낸다.

- 금성대는 색정이나 정욕, 또는 강한 감수성을 말하는데 남자는 주로 전자를 말하고 여자는 대체적으로 후자이다.
- 금성대는 주로 정신적 성향의 예술형, 공상형, 철학형 손에 많이 나타난다. 그런데 짧고 통통한 원시형 손일 경우에는 음욕이나 호색의 기질을 나타낸다.
- 두뇌선을 중심으로 위는 정신적인 면을 나타내고 아래는 물질적이거나 육체적인 면을 나타내므로 금성대는 주로 정신적인 마음속의 사랑이나 섹스를 공상하는 성향을 말한다. 예를 들어 포르노나 비디오, 동영상, 야화나 서적 등에 깊은 관심과 흥미 등을 말한다.
- 방종선이 손아래에 있는 것과 금성대가 손위에 있는 것은 사랑의 감정에 있어 육체적인 면과 정신적인 면의 상대성을 띤다.
- 금성대가 말하는 다른 면은 감수성이 민감하여 잘 흥분하며 감정변화가 심하고 작은 일에도 쉽게 화를 내거나 신경질적이고 히스테릭한 성격을 말한다.
- 금성대는 일반적으로 색정의 상이지만 손모양, 구의 모습, 감정선, 두뇌선 등에서 그것에 맞는 상이 있는지 보고 판단해야 한다. 그렇지 않고 함부로 신경과민이나 히스테리로 판단해서는 안 된다.
- 금성대와 감정선은 혼동하기 쉬우나 감정선은 주로 굵은 선이고 금성대는 가늘고 약하다.
- 금성대 가운데로 뻗은 결혼선이 있는 경우는 성적 관심은 강하지만 애정이나 결혼생활은 원만하지 못하고 여성의 경우는 강한 히스테리를 부리는 경우가 많다.
- 금성대에 작고 움푹 팬 반점은 성병이 있음을 나타낸다. 반점이 검정색을 띠면 그 증세가 심한 경우이다.
- 금성대에 가느다란 세로선이 나타나면 색정적 히스테리의 변태성을 나타낸다.

1) 끊어지지 않고 명확한 금성대

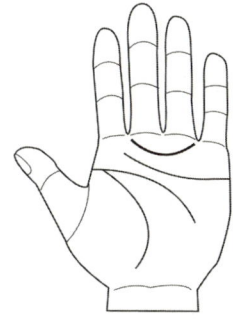

뚜렷한 금성대를 가진 사람은 이성에 대한 관심이 높고 성에 대한 자각이 빠르다. 금성대는 성에 대한 깊은 관심을 나타내는 것으로 이런 손금은 애인감으로는 좋다고 할 수 있다.

2) 토막 나서 끊어져 있는 금성대

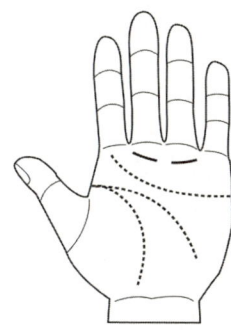

금성대가 끊어져 여러 가닥이 있으면 색정으로 스캔들이 심하고 방탕한 결혼생활로 부부인연이 약할 수 있으며 신경질과 히스테리가 심하다. 남성의 경우는 성에 대한 민감성과 바람기를 나타내며, 여성의 경우는 강한 감수성과 초조감 등을 나타난다.

3) 결혼선과 이어져 있는 토막난 금성대

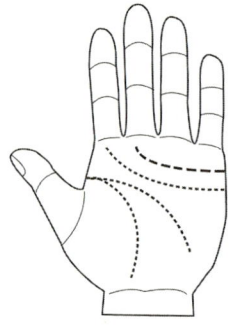

끊어진 금성대가 결혼선과 이어져 있으면 가정생활에 만족을 못 느끼고 성생활 때문에 결혼생활이 원만하지 못하며 여성이면 극도로 히스테리를 부리거나 신경질적이다. 이는 감각이 예민한 즉흥적인 감정의 소유자를 의미하기도 한다.

4) 성문이 있는 이중의 금성대

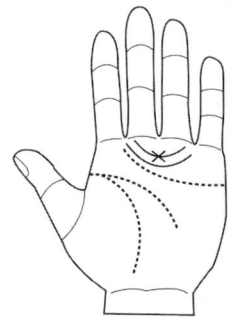

이런 금성대의 소유자는 욕정이 매우 강한 사람이다. 따라서 성적 공상 뿐 아니라 자위행위 등 성적행동에 몰입하기도 한다. 때로는 성병에 걸려 있는 사람도 있는데 이런 손금의 사람은 자신의 욕망을 자제하는 노력이 필요하다.

6. 수경선

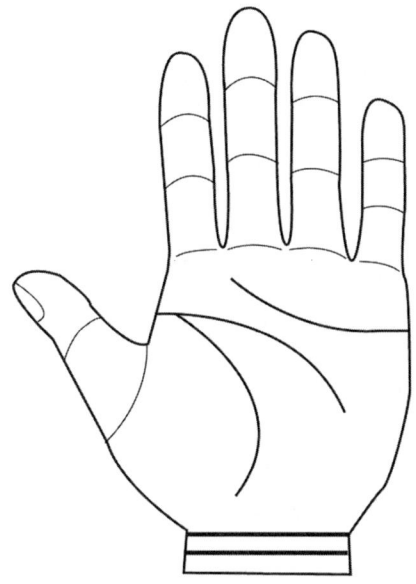

손목에 가로로 그어진 선을 수경선이라 한다. 수경선은 본인과 가족의 건강을 살펴볼 수 있는 기준이 되며, 자손운이나 출산에 관련된 것들을 알아볼 수 있다. 수경선은 세 줄이 확실하고 튼튼할수록 장수할 수 있으며 체력이 선천적으로 약한 사람은 수경선이 불확실하다.

제일 위의 수경선의 중앙부가 삼각형으로 튀어 오르면 신경질적이고, 체력이 약하고, 성적인 매력이 부족하다. 수경선이 쇠사슬 모양으로 꼬여있으면 운동량이 부족한 도시의 공무원, 직장인들이 지쳐있는 모습이니 운동을 꼭 하고 휴식을 취하여 건강을 되찾도록 노력하여야 한다.

1) 구부러지고 굴곡이 많은 수경선

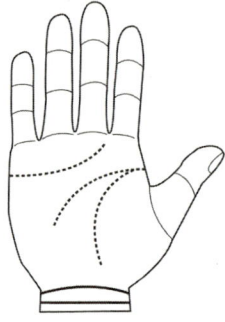

수경선은 대개 직선인데 구부러지거나 굴곡이 많으면 대체로 자손을 늦게 두게 되며 그 자손으로 인한 실패와 재난을 겪게 된다. 반대로 수경선이 직선형으로 반듯하면 결혼 후 일찍 반듯한 자식을 보게 된다.

2) 중간에 섬이 있는 수경선

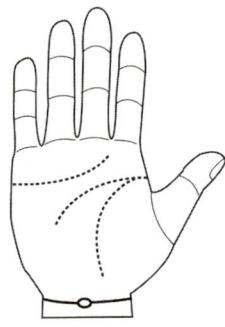

수경선에 섬이 있는 경우는 허약한 체질로 평생 병약하게 보낼 것을 암시한다.

3) 두 선 사이로 들어가는 또 하나의 수경선

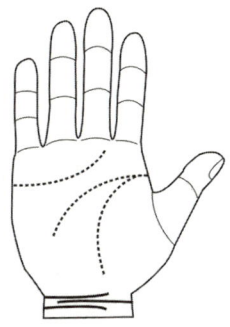

수경선이 겹쳐진 상은 건강에 이상이 있는 것은 사실이나 이런 경우는 남을 위해 자신의 신체를 기증하는 사람이 많으며 헌혈을 많이 하든지 헌신적 봉사를 하는 사람들이 많다.

4) 중간이 끊어진 수경선

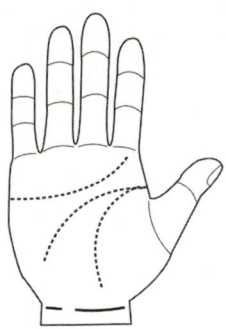

수경선이 소지 쪽에서 끊어져 있으면 초년의 수술, 중지 쪽에서 끊어진 경우는 중년의 수술, 엄지 쪽에서 끊어진 경우는 말년의 수술을 나타낸다. 질병뿐만이 아니라 교통사고나 낙상 등으로 수술하는 예도 있다.

5) 중간에 단선이 그어져 있는 불확실한 수경선

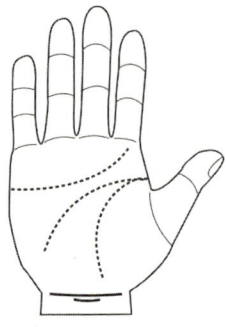

수경선의 끝부분이 불확실하고 중간에 윤곽만 확실한 단선이 그어져 있으면 초년 출산이 어려우며 정작 출산을 원할 때는 임신이 잘 되지 않는다.

> 고대 그리스에서는 젊은 처녀들이 결혼 전에 신관에게 손을 보여주어야 했다. 이때 제1수경선이 손바닥 중앙으로 아치형으로 높이 솟은 여성은 어떠한 경우에도 결혼을 할 수 없었다. 이 경우는 임신을 할 수 없는 체질적 결함의 표시이기 때문이었다.

7. 기타 특수부호선

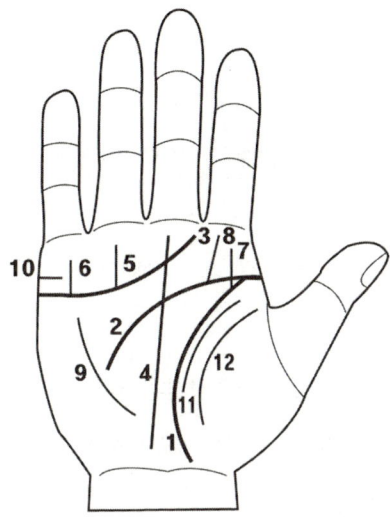

1. 생명선
2. 두뇌선
3. 감정선
4. 운명선
5. 태양선
6. 재물선
7. 희망선
8. 야망선
9. 건강선
10. 결혼선
11. 연애선
12. 부생명선

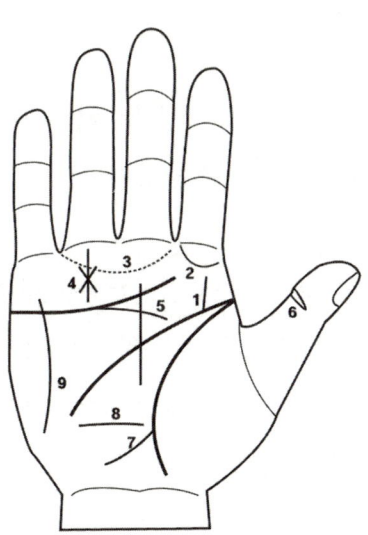

1. 야망선
2. 솔로몬의 링
3. 금성대
4. 태양선의 별
5. 신비의 십자
6. 부처의 눈
7. 여행선
8. 방종선
9. 직감선

(1) 재정선(재물선)

　수성구와 소지는 인체에서 水 기운을 관장한다. 어디에서 출발하던 소지 밑에 도달하는 선은 재정선이다. 건강선과 재정선을 구별하는 방법은 재정선은 밑에서 위로 올라오고 건강선은 감정선 밑에서 아래쪽으로 내려간다.

　① 재정선이 세력이 있어 보이면 현재 일이 잘되고 성공이 보장되는데 두개, 세 개까지는 무난하다.
　② 재정선은 의학선과 같이 있다. 새끼손가락과 약지 사이에 있으면 의학선이다. 의학선이 있으면 의약업에 인연이 있고 의학적 지식과 소질이 있다.
　③ 재정선이 손바닥 밖에 위치할수록 돈을 벌기 힘들고 태양구 쪽으로 갈수록 쉽게 번다.
　④ 사기꾼 도박꾼은 돈이 아무리 많아도 재정선이 없고 수전노이며 돈에 얽매이는 사람은 재정선이 없다. 마음이 부자이며 여유로운 사람은 돈이 없어도 재정선이 또렷하다.
　⑤ 재정선이 분명하고 태양선, 운명선까지 분명할 때는 현재 매사 잘 나가고 있으니 뜻을 이루고 소원성취하게 된다. 소원성취란 한도 끝도 없는 재물을 뜻하는 게 아니고 원만하고 풍요롭고 쓸 때 쓸 줄 알며 주변사람의 인정을 받는 것을 뜻한다. 재정선과 행복, 만족, 기쁨, 희망, 풍요 등은 공통분모이고 이것은 꼭 물질보다는 정신적인 면도 강하다.

(2) 인상선(연애선)

제1화성구에서 시작하여 생명선을 따라 내려오는 선이다. 처음 애인이 생기는 시기를 나타낸다. 부생명선 역할도 하는데 확실하고 튼튼한 선이면 체력을 보강해주고 수술 후 회복이 빠르고 생명선을 보충해 준다.

① 생명선이 끊어져 있어도 인상선이 안에서 보충해 주면 무난히 위기를 넘길 수 있다. 생명이 위험할 때 잘 넘어가는 행운의 선이다. 해당 나이는 생명선의 유년법에 기준한다.

② 인상선의 출발점으로 첫사랑이 생기는 나이를 알아본다. 첫사랑이었기에 추억이 남는 선이다. 짝사랑, 연상의 여인, 이룰 수 없었던 사랑의 시기 등을 나타낸다.

③ 길상으로 남녀 관계의 애정, 결혼, 결합을 나타낸다.

④ 아래로 내려가며 금성구 쪽으로 멀어져 가면 애정이 식어가는 표시이다.

⑤ 인상선의 끝이 갈라지면 결혼선의 Y자와 같이 별거나 이별을 나타난다.

(3) 영향선

월구에서 운명선이나 두뇌선을 향해 새싹이 움트듯 올라오는 선을 말한다. 이 선이 있다면 친구나 부인, 애인의 도움을 받을 수 있고 미혼자는 이 선이 또렷하고 힘이 있을 때 좋은 배필을 맞아 운이 확 바뀌는 결혼을 하는 행운이 온다.

① 이 선이 운명선을 끊으면 결혼이 어떤 방해로 성사되지 않을 수도 있고 결혼을 한다고 해도 실패 할 수 있다.
② 운명선 앞에서 끝난 사이가 떠있으면 둘이 아무리 열렬히 사랑해도 부모나 어떤 방해가 있어 결혼성사가 안 되고 애를 먹는다.
③ 결혼 적령기에 운명선 위에 횡단선이 있을 때는 정신적, 물질적, 혹은 애정적 갈등으로 고생한다.
④ 섬이 있으면 결혼을 해도 부정한 관계가 있는 상태이거나 사기결혼, 이중결혼, 과거가 있는 사람일 수도 있다

(4) 방종선

방종선은 다른 선과는 달리 나타나는 위치가 일정치 않으며 선 모양도 불규칙적이다. 방종선이란 정력의 소진, 심신의 피로를 의미한다. 불규칙하고 무절제한 생활을 표시하는 선으로 건강선의 일부로 보기도 한다.

① 불규칙적인 생활로 제 때 안 먹고 제 때 안 자고 정력낭비로 무리한 생활을 계속할 때 나타난다.
② 성생활이 일정치 않고 무리를 할 때도 나타난다.
③ 깊이 파일수록 정도가 심하고 치유기간이 길게 걸린다.
④ 방종선이 생명선까지 침범하여 끊어지면 체력이 극도로 쇠약해지기

때문에 집중력이 약해져 하는 일도 안 되고 슬럼프에 빠진다.

⑤ 촉수요법과 바른생활습관, 충분한 휴식 등으로 건강을 유지하면 방종선이 없어진다.

(5) 신비의 십자문양

40세~60세 사이의 지능선과 감정선 사이에 비련의 선과 운명선이 교차하여 십자문양이 나타나는 선이다. 이 십자문양이 있을 때는 분명히 처음에는 좋은 일이 생긴다. 그러다가 큰 어려움에 부딪치게 되고 다시 그 어려움에서 구원을 받게 되는 복잡한 선이다. 십자문양은 영감과 예지력이 뛰어난데 종교인, 철학가, 무속인, 신비학연구가 등에게 많다. 이 선이 생겨나올 때나 혹은 손에 있으면 주변에서 유혹하는 사람들을 조심해야 한다. 겉보기에 환경과 조건이 그럴듯하게 좋아 딸려가게 되나 틀림없이 함정에 빠진다. 하지만 결국에는 조상의 덕으로 모든 것을 극복하는 운명선이다.

① 토성구 바로 밑에 있는 십자문양 - 신비학 연구나 종교, 진리를 연구하는 일을 천생의 직업으로 삼거나 연구 저술을 남긴다.

② 목성구 가까이 있는 십자문양 - 자신의 야망과 야심을 만족시켜주는 수단으로 신비학을 연구하는 스타일

③ 월구 가까이 있는 십자문양 - 미신적 주술적 입장에서 신비술, 점성술, 역점술, 수상, 골상, 관상, 투시술, 운명술 등을 연구하여 성공하는 사람이 많다.

(6) 투기 도박 증권을 좋아하는 선

어렵지 않게 투자, 투기나 행운으로 돈을 벌려는 사람들이 있다

① 의학선이 있는 사람, 즉 소지와 약지 사이에 뚜렷이 재정선이 있는 사람은 투기, 도박, 증권으로 대박을 내거나 복권에 당첨될 확률도 높다.

② 생명선과 두뇌선이 0.5cm 이상 떨어진 사람이나 막 쥔 손금의 사람은 추진력이 강하고 적극적이고 겁이 없어 손해를 보면서도 도박이나 경마 등에 올인해서 패가망신도 하지만 때로는 행운을 잡기도 한다. 그러나 한번 빠져들면 밑도 끝도 없이 절제를 못한다. 이 경우 도박이나 오락 등에 빠져들면 마약처럼 중독되며 신세를 망친다. 아무리 운명선, 태양선, 재정선이 좋아도 도박 같은 데 손을 대면 성정이 삐뚤어지고 결국에는 사회적으로 신뢰를 잃게 된다.

(7) 낭비벽이 심한 손금

약지나 태양구 또는 태양선이 너무 발달되고 지능선이 월구로 지나치게 하향하면 비현실적이고 이상만 너무 화려하여 저축심이 없고 꿈속을 헤맨다. 감정에 따라 기분에 따라 돈을 낭비하며 내일을 생각하지 않고 내키는 대로 산다. 이런 유형도 도박에 손을 대면 끝장이다. 힘없는 재정선이 세 개 이상인 사람도 낭비벽이 심하다.

(8) 정력과 스태미너가 강한 손금

정력은 성공과 직결된다. 정력이 고갈되면 덧없고 뜻 없는 인생이 된다. 심신이 젊어 정력이 넘치고 에너지가 있을 때 큰일도 하고 태양의 성문도 생긴다. 금성구가 탄력이 있고 튀어나오고 둘째 생명선이 활시위처럼 팽팽하고 색감이 좋아야 정력이 넘친다. 금성구가 너무 말랑말랑하고 푹 꺼져있고 색깔이 누렇고 체취가 고약하면 만사가 정지되고 부도가 난다.

정력을 보는 포인트는 손바닥과 장심의 찰색, 체온, 고상한 체취, 금성구의 탄력, 손톱의 혈액순환도, 월륜의 발달정도이다. 또한 결혼선이 하향할 때는 정력이 식어가고 있다. 결혼선이 하향했는데 부부간에 별거나 불화가 아닐 때는 정력이 고갈되어 있는 것이다. 방종선이 뚜렷하고 건강선이 흐트러지며 생명선의 말단이 삭아 들어가면 정력이 죽어가고 있다.

없어도 무방한 선
건강선, 금성대, 여행선, 비련의 선, 총애선 등

특이한 선
불심선, 만년청춘선, 직감선 등

건강해지는 손 운동법

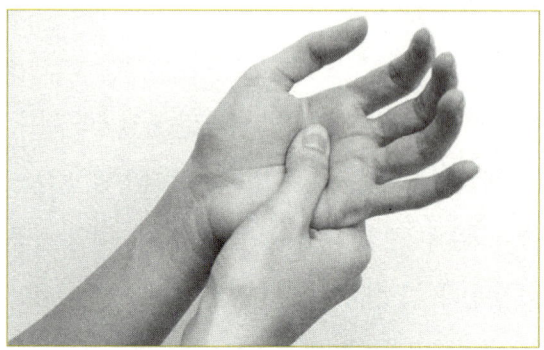

1. 손바닥과 손등을 자주 비벼 혈류를 개선해준다.

2. 휘어지거나 변형된 손가락이나 관절 부위는 주물러서 바로 잡아준다

3. 손가락이나 특정 부위가 아프거나 찬 곳은 주물러서 혈류를 개선해준다.

4. 두 손을 깍지 껴 평소 잘 닿지 않는 부분을 자극하여 준다.

5. 두 손을 깍지 껴 최대한 뒤로 젖혀 관절과 근육을 유연하게 만들어 전신을 제대로 움직이게 해준다

각종 지선 및 기호와 유년법

1. 각종 지선

1) 지선(支線)

지선은 본선의 위아래에서 갈라진 선으로 상향선과 하향선이 있는데 운명의 변화를 나타낸다. 상향선은 발전과 행운을 의미 하며 본선의 힘을 보강하고 반대로 하향선은 퇴보와 불행을 의미하고 본선의 힘을 감소시킨다.

2) 중단선(中斷線)

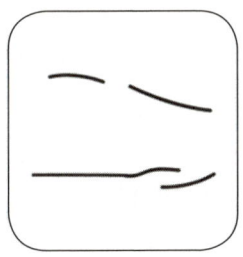

중간에서 끊어진 선을 중단선이라 하는데 이는 뜻하지 않는 변화와 단

절을 의미한다. 뚜렷하게 끊어진 선은 흉한데 특히 한쪽이 구부러지면 더욱 나쁘다. 만약 중단선 옆에 자매선이 있으면 끊어진 부분을 보완해주는 역할을 한다.

3) 섬

섬은 주로 질병, 실패, 곤란, 장애 등의 중요한 현상을 나타내는데 흉한 작용을 한다.

4) 쇄상선(鎖狀線)

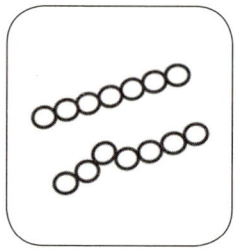

작은 섬들이 이어져 쇠사슬모양이 된 것인데 모양이 정확하고 복잡할수록 그 선 자체의 힘을 감퇴시키는 작용을 하며 만성질병이나 허약체질 등을 나타낸다.

5) 자매선(姉妹線)

본선 옆에 병행하여 짧게 그어진 선을 말한다. 자매선은 본선의 힘을 강하게 하고 본선의 결함을 보강한다.

6) 파상선(波狀線)

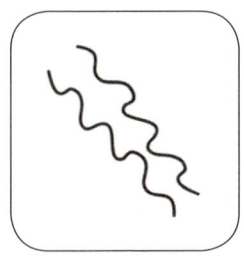

파상선은 쇄상선과 같이 선 자체의 힘을 약하게 하지만 쇄상선보다는 그 작용력이 덜하다. 파상선은 인생에 굴곡과 어려움과 변화의 고비를 의미한다.

7) 방상선(房狀線)

각 선의 끝 부분에 아래로 여러 가닥 가늘게 늘어져 있는 지선을 방상선이라 하는데 이는 본선의 의미와 기능을 약하게 한다. 반대로 그 끝이 위로 향하여 뻗어 있으면 본선의 의미와 능력을 더욱 강하게 한다.

8) 이우선(二又線)

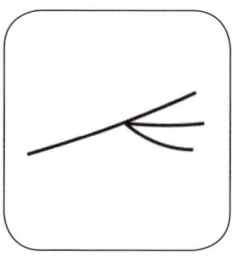

선의 끝이 두 갈래 혹은 세 갈래로 갈라진 것을 말한다. 이는 대체로 좋은 의미를 나타내지만 모두 그렇지는 않다.

2. 손바닥의 여러 가지 무늬

손바닥에 나타나는 무늬는 여러 가지 종류가 있는데 단독으로 나타나는 경우도 있고 선 위나 또는 선의 옆에 접해서 나타나는 경우도 있다. 무늬가 나타내는 의미는 그것이 얼마나 흐리거나 뚜렷한지에 따라서 달라진다.

1) 격자문

여러 개의 가는 금이 많이 모여 종횡으로 교차 된 것이다. 격자문은 그것이 있는 위치와 관계없이 나쁜 것으로, 어려움, 곤란, 방해, 침체 등을 의미한다.

2) 십자문

십자 모양의 기호로 대체로 방해와 곤란, 어려움과 나쁜 일을 나타내는 데 그중에서도 선 끝에 나타날 때 가장 흉하다.

3) 성문

3~4개의 선이 교차하여 생기는 별모양의 기호로 대체로 행운이나 성공 등의 좋은 의미를 가지나 위치에 따라서는 흉한 의미를 나타내기도 한다.

4) 삼각문

세 개의 가는 선이 모인 삼각형의 모양의 기호를 말한다. 대체로 나쁜 의미로 접촉하고 있는 선의 의미를 약화시킨다. 그러나 예외적으로 해당하는 구丘의 의미를 강화시키는 역할을 하기도 한다.

5) 사각문

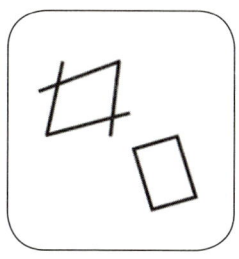

네 개의 선이 모인 사각형 모양인데 본선의 안쪽이나 바깥쪽에 나타난다. 사각문은 보호의 의미를 나타내는 것으로 흉사나 질병 등에서 보호하는 의미를 나타내기도 한다.

6) 반점

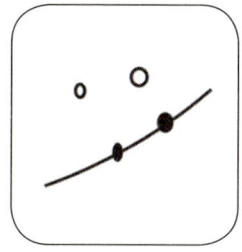

손바닥의 반점은 피하의 주근깨 같이 보이기도 한다. 반점이 선상에 있으면 그 선의 기능을 저하하는 나쁜 의미를 나타낸다.

7) 섬

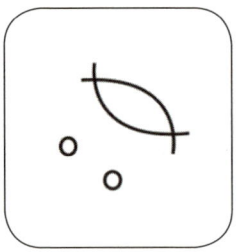

선상에 형성된 둥그런 눈 모양의 기호이다. 선 위에 나타나는 것이 대부분인데 선에서 떨어져서 나타나는 것도 있다. 이것은 불길한 것으로, 변화를 의미하여 그 선의 기능을 약화 시킨다.

3. 유년을 보는 법

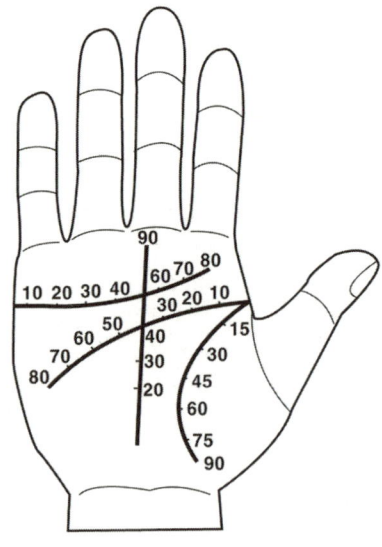

유년은 주로 감정선, 생명선, 운명선, 두뇌선으로 보는데 사람에 따라 보는 방식이 조금씩 다르다. 유년을 보는 법을 하루아침에 습득할 수는 없지만 노력을 하면 그렇게 어려운 일은 아니다. 손금으로 유년을 판단할 때는 해당하는 위치의 지선이나 문양만 보아서는 안 되고 운명선, 재정선, 태양선, 희망선, 기타 모든 선을 참조하여야 한다. 위로 뻗어 있는 상향선上向線의 유년에 길운이 온다.

손금을 보는 순서와 방법

1. 손금의 변화

손금의 변화는 주기적인 것이 아니라 운명에 변화가 생길 경우에 새로운 손금이 갑자기 나타나기도 하며, 그동안 있던 손금이 없어지기도 한다. 생활에 변화가 없으면 손금은 오랫동안 같은 상태를 지속한다. 손금의 변화가 나타나는 것은 사람이나 직업에 따라 다르다. 손금은 건강상태나 심리상태, 생활 습관과 환경, 기타 운세의 변화에 따라 그 모양이 변한다. 생명선, 두뇌선, 감정선 삼대선은 그 위치와 모양이 잘 변하지 않지만 거기에서 나오는 지선이나 다른 가는 선들은 운세에 따라 없어지기도 하고 새로 나타나기도 하며 자주 변화한다.

자신의 손을 수시로 보고 어느 선이 새로 나왔는지, 어느 선이 없어졌는지 자세히 관찰하면 신비하게도 금전운이나 사업운, 애정운, 건강운 등의 운세가 어떻게 변화할 것인지 미리 예측할 수가 있다.

2. 왼손과 오른손에 따른 차이

사람의 손은 왼손과 오른손의 모양이나 손금 및 색깔이 모두 다르다. 동양에서는 남자는 왼손, 여자는 오른손을 선천명으로 보고 반대 손은 후천명으로 보고 운명을 판단하는데 이것은 남좌여우男左女右, 즉 남자는 왼쪽이 선천이고 여자는 오른쪽이 선천이라고 구분한 음양설에서 나온 방식이다.

하지만 서양에서는 남녀 구분 없이 왼손이 선천이고 오른손은 후천적 운세로 본다. 영국의 손금 전문가인 키로는 왼손은 갖고 태어난 것이고, 오른손은 스스로 만든 것이라고 했다. 역시 수상가인 필립스는 왼손은 본인의 성격이나 유전적 경향을 나타내고 오른손은 생활의 역사를 전한다고 했다. 그 외에 많은 수상 전문가들의 견해를 종합하여 보면 왼손이 선천성을 나타내고 오른손이 후천성을 나타낸다고 볼 수 있다. 그러므로 왼손의 손금보다 오른손의 손금이 빈약한 사람은 태만하거나 나태하고 노력하지 않아서 선천적으로 타고난 능력을 제대로 발휘하고 있지 못하고, 반대로 왼손의 손금은 빈약한데 오른손의 손금이 선명하다면 현재 성실하게 노력하고 있어 타고난 능력보다 더욱 성공할 가능성이 높다고 볼 수 있다. 태양선이 왼손에는 있으나 오른손에는 없다면 현재 노력하고 있지 않다는 것이고, 왼손에는 없는 태양선이 오른손에는 있다면 현재 열심히 노력하고 성실하게 생활하고 있다는 반증이 될 수 있다. 또한 장애선이 왼손에는 있으나 오른손에는 없다면 겪을 수 있는 어려움들을 지혜와 노력으로 극복하고 있음이고, 왼손에는 없는 장애선이 오른손에는 있다면 그것은 자신의 생각이나 사고 행동습관 등이 잘못되어 실패를 자초하고 있음을 나타내는 것이다. 그런데 현대 수상학에서는 남녀의 구분 없이 오른손잡이나 왼손잡이를 구분하여 일상생활에서 많이 사용하고 있는 손을 후천적으로 보고 있다.

(1) 왼손은 선천적 성격과 재능을 나타내고, 오른손은 후천적 성격과 재

능, 운명과 미래에 생길 일들을 나타낸다.

(2) 왼손과 오른손을 비교 분석하여 좌우의 다른 점을 숙지한 후 먼저 선천성을 보고 그 다음 후천적인 운세를 본다.

(3) 지나간 과거와 현재, 미래의 일을 보기 위해서는 오른손을 보고 판단한다.

이상은 남녀 모두 일반적으로 오른손잡이일 경우이다. 하지만 왼손잡이라면 이와 반대로 보아야 한다.

오른손과 왼손이 아주 다른 손금을 가진 사람이 있는데 이것은 과거에 운명의 변화가 많았던 사람이거나 아니면 앞으로 운명에 큰 변화를 가져올 사람이다.

3. 손금을 보는 기본적 방법과 순서

손금을 볼 때는 3대선을 기준으로 중요한 핵심선, 주변의 부속선과 손바닥의 구丘를 종합하여 판단한다. 손금으로도 유년流年을 볼 수 있기 때문에 다양하게 연령에 따라 관찰하고 판단할 수 있다. 손금을 잘 보기 위해서는 기본적인 방법과 순서를 먼저 익혀야 한다.

손금을 보는 기본적 방법은 손금의 선명도, 방향성, 손금 길이의 장단,

손금의 모양(형상), 손바닥의 두께를 파악해야 한다. 정확한 손금분석을 위해서 부연하여 설명하면 다음과 같다.

1) 손금의 선명도

손금이 선명할수록 성공가능성과 확률이 높고, 희미할수록 노력과 집중력과 몰입력이 낮다고 할 수 있다. 손금의 선명도를 우선 먼저 보아야 한다. 손금의 선명도는 손금의 두께를 포함하여 분석한다. 예를 들면, 손금의 3대 기본선 중에서 생명선이 선명할수록 체력이 건강하다는 것을 나타내고 희미할수록 체력과 건강관리에 대한 노력이 필요하다고 볼 수 있다.

2) 손금의 방향성

손금선의 방향성을 살펴야 한다. 손금이 직선인지 곡선인지가 중요하고, 손금이 어디를 향하는지가 손금분석과 판단에 중요한 요소가 된다. 예를 들면 감정선이 곡선을 이루면서 잘 뻗어 있으면 안정지향의 부드러운 성격인 반면에 직선이면 통제나 간섭을 싫어하는 독립지향적인 곧은 성격을 나타낸다.

3) 손금길이의 장단

손금의 길고 짧음도 분석과 판단의 핵심요소가 된다. 예를 들면 감정선이 짧은 사람은 성격이 냉철하고 긴 사람은 성격이 다정하면서 감성적인 면을 가지고 있다.

4) 손금의 모양

손금의 모양도 손금분석과 판단의 매우 중요한 요소이다. 예를 들어 생명선에 섬이나 별 모양이나 반점이 나타나면 돌발적인 부상이나 건강악화를 예고하는 것이고, 사각 문양이 있다면 큰 질병이나 재해를 피해가고 있음을 나타낸다.

5) 손바닥 구(丘)의 발달정도

구丘의 발달상태도 수상분석과 판단에 중요한 요소가 되고 있다. 예로 생명선이 감싸고 있는 금성의 언덕이 두툼하고 두께가 있다면 에너지와 파워가 넘치고 행동력이 있는 반면에, 반대로 빈약할 경우에는 의지력과 에너지가 약해서 실행력도 약한 경향을 나타낸다.

6) 손금을 보는 순서

손금의 판단은 우선적으로 크기와 색을 살펴보고, 손금의 형상과 기호에 따라 손금을 분석한다. 그리고 총론적으로 3대선인 생명선, 두뇌선, 감정선을 보고 각론으로 2순위선인 운명선, 태양선, 재물선, 결혼선, 금성대, 직감선, 건강선, 영향선 등을 파악한다. 아울러 세부적으로 판단할 수 있는 부속선도 정밀하게 분석하여야 한다.

4. 수상학의 사회적 활용가치

(1) 자신을 판단하고 설계하기 위한 자기분석의 기초가 될 수 있다.

(2) 자신의 수상 및 손금 분석과 판단을 통하여 재능과 적성을 파악하여 직업 및 진로선택의 참고자료로 활용하고 더하여 성격과 생활습관 개선방향의 지표로 활용할 수 있다.

(3) 수상 및 손금의 분석을 통하여 자신과 상대를 잘 알게 돼 상호교감성을 높일 수 있다.

(4) 상대방을 판단하고 분석하여 대응할 수 있는 노하우가 될 수 있다.

(5) 손금을 통하여 상호 간의 교합성을 맞추어 좋은 인간관계를 형성할 수 있는 계기를 만들 수 있다.

5. 손으로 구분하는 사회성과 적응능력(격국)

손에도 격국格局이 있다. 사람들은 자신들이 타고난 격국에 따라 부귀빈천의 심도가 다르게 인생을 살아가니 수상학에서는 손의 모양으로 사회성

[格]의 고저를 알 수 있고 손금의 상태로 적응능력[局]을 파악할 수 있다. 손의 형태에 따라 격格을 상, 중, 하의 3단계로 나누고, 손금의 상태에 따라 상, 중, 하의 3단계로 국局을 나누니 세부적으로는 실무형, 활동가형, 원시형, 예술형, 공상형, 철학형 등 손의 유형[格]에 따라 각각 9단계로 격국을 구분하여 아래와 같이 부귀빈천의 심도에 따른 삶의 특징을 구분할 수 있다.

1) 상격상국(上格上局)의 손

최상의 형태를 가진 손이 최상의 운세를 갖춘 손금을 갖춘 경우로 최상의 인생을 나타난다. 그래서 자신의 분야에서 부귀영화를 누리는 최상격의 손이다

2) 상격중국(上格中局)의 손

최상의 형태를 가진 손이 차선의 운세를 갖춘 손금을 만난 경우로 안목은 최고인데 최선의 노력을 하지 않으니 결과가 차선에 머물며 직위나 위치, 형편이 스스로 양에 차지 않는다. 최고가 눈앞에 있는데 그 앞에서 멈춘 상이니 나름 불만족한 인생으로 남들 눈에는 다 가진 사람이지만 정작 본인은 그것에 만족하지 못한다.

3) 상격하국(上格下局)의 손

최상의 형태를 가진 손이 하급의 운세를 갖춘 손금을 만난 경우로 모든 결과가 답답하다 안목은 최고인데 노력과 결과가 미천하니 인생 자체가 실망과 스트레스로 넘친다. 겉으로 모양은 갖추고 살지만 실제로는 아무것도

가지지 못한 허무한 인생으로 뱁새가 황새를 쫓아가다가 가랑이가 찢어지는 꼴이라 할 수 있다.

4) 중격상국(中格上局)의 손

차선의 형태를 가진 손이 최상의 운세를 갖춘 손금을 만난 경우로 적당한 실력을 갖춘 사람이 최상의 노력을 하니 이 사회의 대표적인 부유층이다. 부富는 이루나 귀貴를 얻지는 못한다. 이러한 손을 가진 사람은 자영업을 하면 크게 성공한다. 인생을 살며 애환과 스트레스가 가장 적은 유형이다.

5) 중격중국(中格中局)의 손

차선의 형태를 가진 손이 차선의 운세를 갖춘 손금을 만난 경우로 적당한 실력을 갖춘 사람이 근면성실하게 생활하니 인생을 살아가는 데 큰 문제가 없다. 중산층으로 부자로는 못 살아도 일상생활에는 문제가 없지만 본인이 그 정도에 만족하지 못하면 스스로 괴로움에 빠질 수도 있다.

6) 중격하국(中格下局)의 손

차선의 형태를 가진 손이 하급의 운세를 갖춘 손금을 만난 경우로 실력이 그렇게 탁월하지도 않은 사람이 노력도 기울이지 않으니 늘 전전긍긍하며 생활에 걱정이 끊이질 않는다. 집 문제, 돈 문제, 자식문제 등 이것을 해결하면 저것이 문제이고 저것을 해결하면 이것이 문제인 삶에 애환이 많은 서민층이다

7) 하격상국(下格上局)의 손

손의 형태는 나쁘지만 최상의 운세를 갖춘 손금을 만난 경우로 비록 안목은 없지만 최선의 노력을 하니 사회적인 성공은 못하지만 다소 넉넉한 금전운은 가진다. 주로 기술직, 기능직 혹은 노무직에 종사하는 사람들이 많으며 기술이나 기능이 높이 평가를 받아서 충분한 급여를 받거나 그와 관련된 사업 등으로 금전적으로 넉넉해진다. 자신의 재능과 노하우가 때를 잘 만난 격이라 하겠다. 이 경우는 세상만사 걱정이 없다. 열심히 일해서 돈 잘 벌고 막걸리 한 잔으로 인생의 시름을 잊는 경우이다. 삶의 체감행복지수는 상대적으로 매우 높다.

8) 하격중국(下格中局)의 손

손의 형태가 나쁜데 차선의 운세를 갖춘 손금을 만난 경우로 안목과 실력은 없지만 자신의 체력과 땀으로 생활을 이어나가는 유형이다. 주로 현장 노동직, 생산직, 운전직 등 산업현장의 최일선에서 구슬땀을 흘리면서 살아간다. 금전적으로 넉넉하게 잘 살지는 못해도 근면 성실하게 아끼고 저축하며 살아가는 개미형이다.

9) 하격하국(下格下局)의 손

손의 형태도 나쁜데 최하의 운세를 갖춘 손금을 만난 경우로 단순 일용직 등에서 많이 보는 손이다. 실력도 없는 사람이 노력도 하지 않으니 하루 벌어 하루 먹고 사는 유형으로 인생에 고통과 괴로움이 따른다. 최악의 경우는 노숙자가 되는 경우도 있다.

아름다운 손

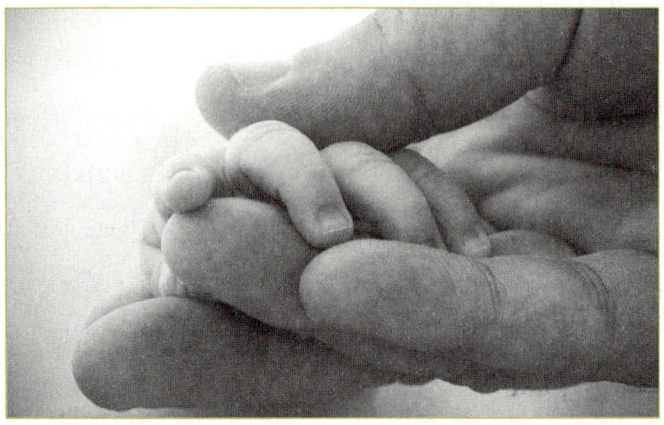

힘들고 지칠 때 잡아주는 손이 있다면 얼마나 행복할까요?

슬프고 외로울 때 흘리는 눈물 닦아주는 손은 얼마나 큰 위로가 될까요?

사랑하고 싶을 때 양어깨를 감싸주는 손은 얼마나 포근할까요?

쓸쓸한 인생길에 살며시 다가와 잡아주는 손은 얼마나 따뜻할까요?

닿기만 해도 마술에 걸린 듯 전율이 흘러 더 잡고 싶은 손!

당신이 있기에 영원히 놓고 싶지 않은 "아름다운 손" 입니다.

손으로 보는 성격 적성 검사

세상의 모든 에너지는 음양으로 나눌 수 있다. 음陰은 수축에너지로 안정지향적으로 침착하고 차분하며, 양陽은 발산에너지로 변화지향적이며 명랑하고 조급하다. 이 음양陰陽의 에너지들이 서로 자극을 줄 때 사람 마음에 변화가 일어나게 되고 그에 따라 행동특성이 나타나게 된다.

음陰의 특성은 물질적인 면을 추구하고 내향적이며 인내심이 있고 치밀하고 분석적이다. 또한 위축감을 가지고 소극적이며 피동적, 의타적이며 방어적이다.

양陽의 특성은 정신적인 면을 추구하고 외향적이며, 조급하고 단순하며 율동적이다. 또한 자신감을 가지고 적극적이며 능동적이고 리더십이 강하나 잘못하면 자만심에 빠질 수 있다.

이와 같이 음양에 따라 성격과 재능, 흥미와 적성 등이 영향을 받게 되므로 이들의 상호관계를 통하여 개인의 구체적인 적성파악이 가능하다.

1. 음양의 구분에 따른 특성

(1) 음(陰) 유형의 특성

1) 심리구조

내향적 사고로 사물의 이면성과 내면적 접근을 취한다. 그렇기 때문에 현실적 사고로 물질적 실리實利을 추구한다.

2) 정신적 현상

사색적이며 분석적이다. 직관력과 예지력이 뛰어나다. 유동적이며 한 곳에 정착하기를 싫어한다. 성공과는 상관없이 총명하나 변덕스럽고 쉽게 포기하는 면이 있다. 자신의 감정을 쉽게 노출시킨다. 혼자 생활하는 것을 즐기지만 고독하고 비애스러워 외롭다.

3) 적성

직업 사상가, 철학가, 심리학자, 음악가, 작곡가, 법관, 교육, 금융, 경제, 경영, 사무, 호텔, 숙박, 목욕탕, 냉동업, 수산물, 해운업, 수도업, 유흥업, 정수기, 양어장, 음식료업, 요식업, 접객업, 장의사, 경호, 선박, 자동차, 중장비, 운수업, 기계공업, 피부미용, 도축업, 철도, 사채업 등 내향적 직업이 적합하다.

전공 법학, 의학, 교육학, 경상계열, 경제경영학, 식품영양학, 생명공학, 물류학, 유통학, 종교학, 사상철학, 재정계, 의약계, 자연계열, 해군, 신부인과, 비뇨기과, 성형외과, 피부과, 이비인후과, 임상병리학 등.

(2) 양(陽) 유형의 특성

1) 심리구조

외향적 사고로 정서의 안정적 순환에 결함이 나타나는 것이 특징이다. 그 때문에 개인적인 장점을 발휘하는 면에는 능숙하나 단체적인 면의 호환 互換, 공생共生, 공감共感 기능은 떨어지는 이중성을 보인다.

2) 정신적 현상

동적이며 기교적인 사교성을 갖고 타인과의 관계 속에 있기를 원하나 지구력과 협동심이 결여되어 있다. 적극적이며 지기를 싫어하는데 자신의 감정을 은폐하며 무상심을 동경한다. 내면의 자아독립심이 강하며 불의에 대한 반발심이 강하고 부정적인 생각이 들면 타협을 하지 않는다.

3) 적성

직업 기자, 방송, 정치, 언론, 출판, 예술, 예능, 디자인, 발명, 화장품, 예식장, 사진관, 조명, 극장, 안경, 천문기상, 항공, 전기, 전자, 통신, 정보처리, 화공, 화학, 섬유, 약품, 인테리어, 가구, 의류, 문구, 스포츠, 무용, 춤, 유흥, 오락, 연주가 등 외향적 직업이 적합하다.

전공 언론학, 방송통신학, 정보처리학, 인문학, 섬유학, 의상학, 전기공학, 전자공학, 화학공학, 인문계, 언론정보학과, 인문사회계열, 약학, 정신과, 방사선과, 안과, 신경과, 생명공학, 미술학과, 공군사관학교 등.

2. 수상에 의한 성격검사 방법

한 사람의 성격적 특성과 기질 그리고 그에 따른 재능과 적성의 발현은 근본적으로 음양의 차이에 따라 다르게 나타나게 되니 한 사람의 체질을 음양으로 세분하여 분별하면 성격적 특성과 그에 따른 적성을 알 수 있게 된다.

수상학에서 음양에 따른 성격적 특성의 발현은 1차적으로 타고난 손바닥과 손가락의 길이 비율에 따른 양체질(주로 실무형, 활동가형, 원시형의 손)과 음체질(주로 예술형, 공상형, 철학형의 손)의 구분에 따라 차이가 나며, 2차적으로는 검지와 약지의 비율에 의한 외향형(평균치에 비하여 검지가 짧고 약지긴 긴 경우)과 내향형(평균치에 비하여 검지가 길고 약지가 짧은 경우)의 분류에 따라 차이가 나고, 3차적으로 금성구와 월구의 발달 정도에 따른 적극형(금성구와 월구가 잘 발달된 경우)과 소극형(금성구와 월구가 빈약한 경우)의 구분에 의하여 좌우된다.

이에 따라 8개의 성격유형이 구분되고 그에 따른 심리적 행동적 특성과 적성을 나타내게 된다.

이 검사법은 이 책의 공동 저자인 김기승의 『사주심리와 인간경영(도서출판 창해, 2006)』에 제시된 바 있는 사주로 분석하는 ET성격테스트(8-type성격분석방법)에 기준한 검사법으로 수상학계에서는 최초로 시도되는 성격검사법이다. 매우 효율적이고 적중도가 높은 검사법이니 자녀들의 성격관련검사와 진로관련검사에 많이 활용되기를 기대한다.

(1) 검사기준의 3단계

이 검사의 기준은 한 사람의 손에서 체질과 성격과 사회성에 가장 많이 영향을 주는 손의 유형에 따른 음양, 검지와 약지의 비율에 의한 음양, 구丘의 발달 정도에 따른 음양의 3단계이며 손의 일반적 형태에 따른 객관적 이해와 보편성을 기준으로 삼는다.

1) 1단계 : 손의 유형에 따른 음양

손바닥과 손가락 길이의 가장 표준 비율은 10:8이다. 그러므로 손바닥의 길이와 손가락의 길이를 비교해서 손가락이 표준보다 짧은 경우는 양체질이 되고 손가락이 표준보다 긴 경우는 음체질이 된다.

▶ 양체질은 주로 실무형, 활동가형, 원시형의 손들이 많다.
▶ 음체질은 주로 예술형, 공상형, 철학형의 손들이 많다.

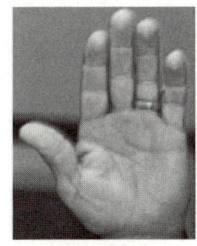
양체질

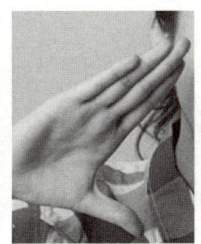
음체질

2) 2단계 : 검지와 약지의 손가락 비율에 의한 음양

▶ 외향형(평균치에 비하여 검지가 짧고 약지긴 긴 경우)
▶ 내향형(평균치에 비하여 검지가 길고 약지가 짧은 경우)

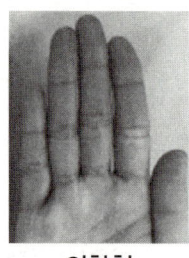 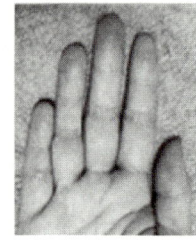

외향형   내향형

3) 3단계 : 금성구와 월구의 발달 정도에 따른 음양

▶ 적극형(금성구와 월구가 잘 발달 된 경우)
▶ 소극형(금성구와 월구가 빈약한 경우)

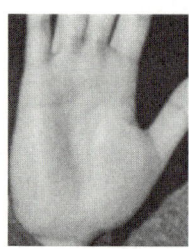 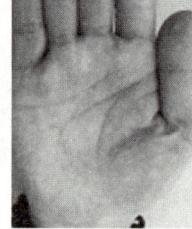

적극형   소극형

4) 8개 성격유형

구분	성격유형	해설
외향형	1. 외향적극형	외향적이고 적극적이며 활달한 성격유형 양체질 손 + 외향형 손가락 + 적극형 丘
	2. 외향신중형	외향적이나 침착하고 신중한 성격유형 양체질 손 + 외향형 손가락 + 소극형 丘
	3. 외향다변형	외향적이고 변화에 흥미 있는 성격유형 양체질 손 + 내향형 손가락 + 적극형 丘
	4. 외향소심형	외향적이나 침착하고 신중한 성격유형 양체질 손 + 내향형 손가락 + 소극형 丘
내향형	5. 내향소심형	내향적이고 수용적이며 섬세한 성격유형 음체질 손 + 내향형 손가락 + 소극형 丘
	6. 내향지속형	내향적이며 지구력과 집중력 있는 성격유형 음체질 손 + 내향형 손가락 + 적극형 丘
	7. 내향다변형	내향적이며 다양한 심리를 가진 성격유형 음체질 손 + 외향형 손가락 + 소극형 丘
	8. 내향적극형	내향적이나 능동적이며 적극적인 성격유형 음체질 손 + 외향형 손가락 + 적극형 丘

(2) 8가지 유형별 검사결과

1) 외향적극형(양체질 손 + 외향형 손가락 + 적극형 丘)

외향적이고 적극적이며 활달한 성격유형

성격

▶ 외향적 성격으로 명랑하고 적극적인 동시에 실천적 성향으로 목적을

쟁취하는 스타일이다.
- ▶ 화려한 분위기를 좋아하고 사람들과 함께하기를 좋아한다.
- ▶ 즉흥적이며 속단하는 스타일로 행동이 앞서며 자기중심적인 성향으로 세밀하고 분석적인 면에는 취약하다.
- ▶ 매사 적극적이고 긍정적으로 시작은 잘하나 강한만큼 상대적으로 침체의 국면을 맞아 마무리를 못하는 경우가 있다.
- ▶ 자신의 생각에는 확신이 강하며 타인의 충고에는 민감하지만 수렴하지는 않는다.
- ▶ 약자를 포용하고 배려하며 보호하는 본능이 강하다.

사회성

- ▶ 적극적이며 투쟁심이 강한 리더십으로 책임감 있는 지도자나 관리자의 역할에 우수하다.
- ▶ 명랑한 달변가로 분위기를 선도하고 정해진 목표를 수행하는 능력이 탁월하다.
- ▶ 내밀성과 치밀성이 부족하여 주변의 인간관계와 충고 등을 소홀히 하여 실리적인 면에는 취약하다.
- ▶ 자신이 속한 단체나 모임의 관리자나 지도자 역할을 하지 못하면 불만을 갖고 자기영역을 새롭게 구축하여 독립하고자 한다.
- ▶ 공익을 우선하며 실험적 자세로 시대의 흐름을 타면서도 자신의 철학을 뚜렷하게 펼치는 현실과 이상의 복합적 성향을 보인다.

적성

▶ 적합 – 정치가, 운동선수, 기자, 군인, 개혁가, 개척자, 생산, 건축, 개발, 분양, 행정, 관리 등 리더십과 모험심이 필요한 책임자, 관리자, 지도자 등
▶ 취약 – 영업사원, 참모업무, 상담업, 서비스업, 작가, 민원업무, 텔레마케터, 감정노동업무 등

2) 외향신중형(양체질 손 + 외향형 손가락 + 소극형 丘)

외향적이나 침착하고 신중한 성격유형

성격

▶ 열성적이고 긍정적인 성격으로 밝고 활동적이며 강한 집착과 추진력을 보이나 실천보다 이론이 앞서기도 한다.
▶ 사람의 심중을 읽어내는 능력이 탁월하여 인간관계를 잘 이끌고 가며 화려함 속에서 로맨틱함을 추구한다.
▶ 활동적인 가운데 수렴하는 기질도 적당하여 분위기에 휩쓸려 무리하지 않는 장점이 있다.
▶ 타인과의 협조력이 탁월하여 주변에 잘 적응하고 사교성이 좋으나 상대방의 질책에 쉽게 자신감을 잃기도 한다.
▶ 신속하고 능동적인 순발력과 창의성으로 활동적인 과감함을 가지나 이면에 자기보호 본능이 강하다.
▶ 사물의 이면을 보는 안목이 뛰어나나 내심은 여리고 양보와 포기를

잘하여 경쟁력은 약하다.

사회성

▶ 외향적이고 대중적인 성향으로 주어진 역할에 적극적인 참여를 함과 동시에 소심하고 침착한 성품도 가지고 있어 문화예술적 성향의 평화적 리더십을 보인다.
▶ 강한 추진력의 이면에 차분한 통찰력을 가지고 있어 주어진 업무에 치밀하고 완성도 높은 결과를 추구한다.
▶ 과감하고 혁신적인 마인드를 가지나, 불확실한 미래에 대하여 타협하는 개인주의적인 면도 있어 자신의 평화에 안주하고자 한다.
▶ 활동적이고 미래지향적인 모습과 함께 현실감각과 실리를 동시에 취하여 안정적인 면을 추구한다.
▶ 매사에 충분한 준비를 하며 다음 단계에 대한 정보를 미리 확보하여 안정을 추구하며 이론적 업무에 강하다.

적성

▶ 적합 - 교육, 예술, 종교, 언론, 영업사원, 소개업, 발명가, 마케팅, 해결사 등 온건하고 예술적이며 도전정신과 이론력이 동시에 필요한 개성적 직업에 적합
▶ 취약 - 군인, 운동선수, 개혁가, 조직, 리더

3) 외향다변형(양체질 손 + 내향형 손가락 + 적극형 丘)

외향적이고 변화에 흥미 있는 성격유형

성격

- ▶ 외향적 활동파이나 내면은 소심하고 섬세하여 실리를 갖추고 매사 분위기를 타면서 지속적으로 자신의 영역을 확보하고자 한다.
- ▶ 정리정돈된 깔끔한 환경을 좋아하고 생활이든 주변 사물이든 일관성을 유지하기를 원하고 담백한 삶을 추구한다.
- ▶ 감정과 분위기에 따르기보다는 논리와 설득에 의한 타협을 선호하고 주변의 반응과 동료와의 협의를 중요시하므로 적극적 추진력은 떨어진다.
- ▶ 타인을 이해하는 이타적 행동의 이면에 자신을 위한 이기심이 있다.
- ▶ 인내심이 강하고 침착하며 자신감이 넘치는 반면에 주변의 반발에 의한 감정의 앙금이 오래간다.
- ▶ 자신의 존재감을 느끼려는 심리로 마지막까지 비장의 카드를 준비하며 최후의 저력을 발휘한다.

사회성

- ▶ 외향적이며 개인주의적 성향으로 지속력 있는 파워를 발휘하는 리더로서 위기상황 대처능력이 우수하다.
- ▶ 이상과 욕심보다는 이성적, 합리적 판단에 의한 비전제시로 주변에 대한 설득력이 높다.

▶ 심사숙고하여 일을 처리한 후 자신의 뜻대로 되지 않을 경우 소심해지는 단점이 있다.
▶ 인적자원을 관리하고 활용하는 안목이 우수하므로 관리자로서 훌륭한 자질을 갖춘 CEO형이다.
▶ 시간중시업무보다는 결과중시업무가 적합하고 자신의 직무상 고유한 영역을 확보하려 한다.
▶ 적극적이고 외향적인 강한 리더십을 발휘하나 매사 수렴하고 분석을 하여 내면은 사색적이다.

적성

▶ 적합 – 교육자, 정치가, 외교가, 운동선수 코치 감독, 프리랜서, 기업가, 사회진행자, 기자, 탐험가, 작가, 사상가, 심리학자 등 행동적인 저력과 인간관계가 동시에 필요한 직업에 적합
▶ 취약 – 영업, 마케팅, 홍보, 공동사업 등

4) 외향소심형(양체질 손 + 내향형 손가락 + 소극형 丘)

외향적 모습 속에 수용적이며 섬세한 내면의 성격유형

성격

▶ 밝고 분위기를 잘타며 악의가 없다. 남들과 협력을 잘하고 정치적 처세를 잘하여 자신의 위상을 다진다.
▶ 주변의 상황이나 변화에 민감하게 반응하는 형이며 지적이면서도 화

사한 분위기를 연출한다.
▶ 밝은 성격으로 자신 있는 방면에 저력을 보이나 이면에는 주변의 반응을 살피는 소심함이 있다.
▶ 외향적인 모습 속에 내면은 세밀하고 소심하여 수동적 행동을 할 때가 많아 안과 밖의 이질감에 갈등적 요소가 있다.
▶ 겉으로는 강해 보이지만 상대방의 충고를 매우 잘 받아들인다.
▶ 외면적으로는 의연한 자세를 보이고 싶어 하나 본심은 소심하고 신중하며 매우 현실적이다.

사회성

▶ 외향적이나 내성은 소심하여 주변을 잘 활용하는 지략이 뛰어나 참모 역할에 적합하다.
▶ 타협적이고 신중한 심성으로 정보 수집력이 탁월하며 사람들의 의견 수렴을 잘한다.
▶ 섬세한 내밀성의 소유자로 분석적인 면이 돋보이나 결론적인 면에 취약성이 드러나 끝까지 일관성을 유지하는 면이 약하다.
▶ 저돌적으로 열정적인 업무를 수행하기보다는 자신의 처한 위치와 상황 속에서 능력을 펼쳐 보이는 창조적 업무를 선호한다.
▶ 앞에 나서기보다 뒤에서 자신의 지식과 정보를 제공하여 유용하게 활용함으로써 안정적으로 자신의 사회적 위치를 확보한다.
▶ 현실적이고 이론적인 바탕 위에 실리를 추구하는 유형으로 치밀한 분석과 통찰력을 발휘하며 특별한 지위보다는 실리를 더 지향한다.

적성

▶ 적합 – 사무행정, 작가, 기획자, 연예인, 음악가, 심리학자, 상담가, 경영분석가, 간호, 광고, 비서, 저널리스트, 성직자, 판매, 통계, 연구 등 감각과 창의성이 요구되는 직업

▶ 취약 – 오락, 정치가, 군인, 사업가

5) 내향소심형(음체질 손 + 내향형 손가락 + 소극형 丘)
내향적이고 수용적이며 섬세한 성격유형

성격

▶ 지극히 음성적인 성향으로 소심하여 타인들의 객관적 평가와 가치를 추종하나 내면적 심성은 자아를 추구하는 섬세함과 저력을 보인다.

▶ 엔틱한 분위기 속에서 자신만의 사색적인 분위기를 즐기며 정돈되고 일관된 생활 속에서 안정을 추구한다.

▶ 자신의 존재감을 지키기 위하여 대의에 따르면서도 생각과 생활을 독립시키는 형으로 겉과 속이 다른 면이 있어 그 속을 다 알 수 없다.

▶ 소극적이고 수용적인 자세로 뛰어난 적응력을 가지고 겸손하게 행동하나 이면에는 자아의식에 대한 집착이 가장 강한 유형이다.

▶ 상대방의 의견이나 생각을 관용적인 태도로 수용하여 타인의 장점과 강점을 내 것으로 활용하고자 한다.

▶ 약해 보이는 외면과 달리 완벽을 추구하는 본성으로 현실과 이상과의 괴리감에 감정적으로 시달리기도 한다.

사회성

▶ 외유내강형으로 섬세하게 감성적인 내면을 다스려 의외로 강하면서도 지속력 있는 사회성을 발현한다.

▶ 분석적이고 이성적인 면에 저력을 발휘하고 시간을 활용하는 업무에 강점을 나타낸다.

▶ 현실적이고 침착하고 생각이 깊은 반면에 자신의 의견을 상대방에게 설득력 있게 주장하지 못한다.

▶ 현실생활과 물질에 바탕을 두고 자신의 삶을 안정적으로 설계하고자 노력하면서 주어진 기회와 자원을 최대한 활용하고자 한다.

▶ 집단의 구성원으로 업무의 경중에 관계없이 최선을 다하려 노력하며 자신의 주장을 내세우지는 않으나 자신의 내면 세계는 확실한 유형이다.

▶ 내면의 강한 자아감에 기초한 이타적인 태도는 인간의 내면 심리를 읽어내는 탁월한 능력을 발휘하여 사회현상에 대한 남다른 직관력을 갖게 한다.

적성

▶ 적합 – 언어, 문화, 교육, 법률, 기업, 생산, 과학자, 예술가, 사상가, 의료, 간호, 작가, 임상병리학, 종교가, 심리철학, 생명공학, 실험 등 분석적이고 통찰력을 필요로 하는 직업에 적합

▶ 취약 – 정치가, 외판원, 혁명가, 군인, 댄스, 토크쇼진행자

6) 내향지속형(음체질 손 + 내향형 손가락 + 적극형 丘)

내향적이며 지구력과 집중력 있는 성격유형

성격

▶ 부드럽고 다정한 반면에 내밀하고 분석적이며 사색과 통찰력이 강하여 자신의 목표가 설정되면 초인적인 파워를 발휘한다.

▶ 격조 있고 감성적인 분위기를 좋아하는 반면에 매우 실천적이고 능동적인 모습을 가지나 군중속의 고독을 느낀다.

▶ 자신을 드러내지 않는 성격이나 스스로의 생각이 정리되면 강한 추진력과 실천력을 발휘한다.

▶ 내면은 사색적·분석적이나 행동은 실천적·저돌적이므로 스스로 갈등구조를 만들어 감정적인 문제를 야기하기도 한다.

▶ 수용적이고 긍정적으로 보이는 외면과 달리 자신이 믿고 있는 바에 대해서는 상대방의 의견보다 자신의 판단을 우선한다.

▶ 주관이 강하고 내면적 신념이 확고하므로 생각한 바를 집중 추진해 나가면서도 주변과는 부드러운 융화를 원한다.

사회성

▶ 치밀하고 지속적이며 안정적인 성취과정으로 일관하므로 저력 있는 리더의 역량을 인정받고 실속 있는 결과를 얻는다.

▶ 부드럽고 내향적이나 목적이 정해지면 강하게 밀어붙이고 능력 이외의 것을 산발적으로 수렴하여 수행함과 동시에 새로운 일에 대해서

도 확신이 있을 때는 도전하는 모험심도 있다.
▶ 업무추진상 이론적으로 현실을 분석한 후 확신 있는 시도를 통하여 좋은 결과를 내고자 하나 예상과 다른 결과가 나오면 심적 딜레마에 빠진다.
▶ 이론적 분석과 이성적 판단으로 거시적으로 계획하는 완벽함 속에 자기가 속한 집단과 자신의 미래를 사회가 인정하는 확실한 방향으로 끌고가고자 노력한다.
▶ 타인의 의견을 수용하고 많은 의견을 수렴하는 형으로 보이므로 인간관계는 좋으나 중요한 사안에 대해서는 자신의 생각과 결정을 더 확신하고 자신의 고유한 권한과 영역을 지킨다.
▶ 감성에 호소하는 부드러운 카리스마로 집단을 이끌고자 하는 리더로서 현재의 상황만을 고려한 무모하고 확장적인 프로젝트보다는 예리한 분석을 통한 선별적인 투자와 발전을 도모한다.

적성

▶ 적합 – 의료, 교육, 심리, 문학, 연구개발, 정치가, 발명가, 예술가, 비평가, 언론가, 연설가 등 타인에 대한 관심과 관찰력 인내력이 필요한 직업에 적합하다.
▶ 취약 – 서비스, 마케팅, 종교, 제조업 등

7) 내향다변형(음체질 손 + 외향형 손가락 + 소극형 丘)

내향적이며 다양한 심리를 가진 성격유형

> **성격**

- ▶ 부드럽고 침착한 내향형의 성격이지만 내면에는 양성적 기질이 있어 한쪽으로 편협하게 치우치지 않고 중용의 미덕을 지키며 자신의 이익을 확실하게 얻으려 한다.
- ▶ 밝고 유쾌한 가운데 자신의 삶이 평화롭게 유지되기를 바라는 스타일로 남들과 적당히 타협하며 향상심을 추구해가는 유형이다.
- ▶ 타인 속에 자신을 조화시키는 재치와 다변적 성향으로 주어진 역할과 상황에 적응력이 좋아 남 앞에 안 나설듯 하나 잘 나서면서도 소심하고 섬세하여 기회를 구축하는 데 양면성을 보인다.
- ▶ 객관적이고 보편적인 기준을 중요하게 여기며 자신의 주장을 과도하게 내세우기보다는 모두가 수긍하는 방향으로 일이 흘러가기를 바란다.
- ▶ 복잡한 인간관계로 얽히기보다 적당한 선에서 유지되기를 원하고 타인과 자기 자신을 모두 객관적으로 관조한다.
- ▶ 수동적인 가운데 자신의 전문분야에 대해서만은 확실한 자신감과 영역을 주장한다.

> **사회성**

- ▶ 내향적이고 수용적이나 표면적으로는 능동적이고 긍정적이어서 직관

적 판단과 기회포착에 강하므로 중간관리자에 적합하다.
▶ 외교적 능력이 탁월하며 투쟁보다는 화해의 기술이 좋아 사회활동 시 기대 이상의 성과를 거둔다.
▶ 주어진 환경에 대한 적응력은 좋으나 개혁과 변화에는 취약하며 권력투쟁에서는 한걸음 물러나 관망한다.
▶ 조용하고 안정된 속에서 내실 있는 자기만의 세계를 구현하는 안정의 욕구가 강하며 사회변화의 관찰에 놀라운 안목을 갖는다.
▶ 자기만의 고유한 영역을 구축하는 스타일로 전문성을 발휘할 수 있는 지적업무를 선호한다.
▶ 사회생활에서 자신만의 고유한 인센티브와 주변의 활용으로 안정을 보장받고자 하는 마인드를 갖는다.

적성

▶ 적합 – 언론가, 행정가, 법률, 경제, 마케팅, 서비스, 기획자, 교육자, 판매, 통계, 엔지니어, 디자인, 연예인, 종교가, 심리, 철학 등 추상적인 면의 활용과 화합과 조율이 필요한 직업에 적합하다.
▶ 취약 – 정치가, 혁명, 개혁, 군인, 기업가, 운동선수

8) 내향적극형(음체질 손 + 외향형 손가락 + 적극형 丘)

내향적이나 능동적이며 적극적인 성격유형

성격

▶ 조용하고 부드러운 내향적 성격의 이면에 끈기와 노력과 강한 리더십으로 자신의 목표를 이루며 기회가 주어지면 강력하게 자신의 역량을 발휘한다.
▶ 심플하며 모던한 분위기를 즐기며 사생활과 공적인 생활을 철저히 구분한다.
▶ 침착하게 계획한 바를 지속적으로 밀고나가 결과를 도출하나 보는 것과 다르게 치밀한 부분에는 오히려 취약하다.
▶ 놀라울 정도의 집중력과 판단력을 발휘하여 목표를 추구하며 무모한 도전보다는 현실적 이득을 취한다.
▶ 자신의 생각에 강한 확신을 가지므로 상대의 의견에 대하여 개방적이지 못하나 실무면에서는 동료애를 가지고 십분 활용한다.
▶ 유약해 보이는 이미지와 달리 강한 인내와 의지로 자신의 삶을 개척해 나가는 강인한 면이 있다.

사회성

▶ 내향적이면서도 외향적인 양면성을 살려 발전적인 혁신을 위한 계획을 미리미리 준비하는 리더의 자질이 있다.
▶ 타인의 의견을 수용하며 실리를 추구하는 동시에 강한 리더십과 추진

력을 보인다.
▶ 적극적으로 자기를 개발하고 준비하는 형이나 개인주의가 강하여 자신이 손실을 감수하면서까지 공익을 추구하지는 않는다.
▶ 미래를 철저히 준비하는 내실형으로 개인적, 사회적 입장을 동시에 고려한다.
▶ 놀라운 업무수행능력으로 리더로서 인정을 받게 되며 조직력을 활용한 현실적 이익 창출을 할 수 있는 영역을 선호한다.
▶ 혁신적인 마인드를 가지고 사회변혁을 추구하나 현실에 충실한 면은 더욱 신뢰감을 준다.

적성

▶ 적합 – 회계, 법률, 정치, 교육가, 생산, 건축, 연구가, 과학자, 기술자, 기업가, 의약업, 사무직, 군인, 관리자 등 전문성이 있고 조직력과 정확성이 필요한 직업에 적합하다.
▶ 취약 – 영업, 마케팅, 비서, 서비스, 공동사업

3. 손금에 의한 개별 직무적합도 검사

현대사회는 직업의 다양화와 세분화의 시대이므로 이에 맞게 구체적으로 활용되는 개인적 능력을 4가지 분야로 분류하여 직무적합도를 구분하여 볼 수 있다. 개별 직무적합도는 사회생활과 직업업무를 수행하는 개인의 직무수행능력을 말하는데 개인의 직무능력은 자신의 사회적 활동과 업무적인 능력을 좌우하게 되므로 매우 중요하다. 그런데 수상학에서는 손금의 발달 상태에 따라 개별 직무적합도가 차이가 나게 되므로 손금의 모양으로 개별 직무적합도를 측정할 수 있다. 누구나 하나의 직무 능력만 뛰어날 수도 있지만 여러 가지의 직무능력이 복합적으로 발달된 사람도 있다. 그러므로 누구나 손금의 발달 상태를 측정하여 자신에게 가장 적합한 직무를 찾아 효율성 높은 업무활동을 할 수 있게 함으로써 수상학의 새로운 사회적 활용 가치를 높일 수 있다.

(1) 감성활용직무

1) 미국의 UC버클리 대학교 교수인 알리 러셀 혹스차일드Arlie Russell Hoch-schild는 직업상 원래 감정을 숨기고, 얼굴 표정과 몸짓으로 행동하는 상황을 감정노동emotional labour이라 표현하였다. 감성활용직무는 사람들과 대면하여 직접적인 감성교류를 하는 업무로 각종 서비스업, 영업, 강의 등과 같이 자신의 감성을 순화시켜 활용한다.

2) 인간의 감정이 노동의 일부로 인식될 정도의 직업적 친절서비스 정신에 입각한 활동이 많기에 감정선의 발달 상태에 따라 감성활용직무의 적합도가 좌우되는데 감정선이 뚜렷하고 깊게 잘 발달되었으며 그 길이가 길수록 감성활용직무의 적합도가 높아진다. 반대로 감정선이 빈약하거나, 짧거나, 장애선들이 뚫고 들어갔거나, 중간에 섬이 있거나, 잘렸거나 하면 할수록 감성활용직무 적합도는 상대적으로 낮아진다.

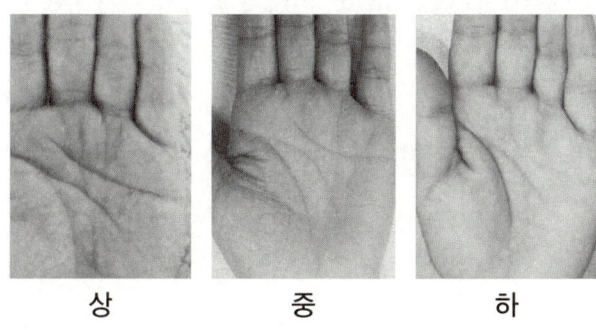

상　　　　　중　　　　　하

(2) 지식창출직무

1) 지식이 팽창하는 시대에 새로운 지식을 창출하기 위해서는 기존 지식정보의 수용과 함께 창조적이며 새로운 생각의 발상이 뛰어나야 한다. 지식창출직무는 학문적 이론의 정립과 이의 활용을 주로 하는 업무로 각종 컨설팅, 연구, 학문 등의 분야와 같이 지식체계의 새로운 창출을 활용한다.

2) 지식의 수용력과 창조력은 두뇌의 발달 상태와 직결되므로 두뇌선의

발달 상태에 따라 지식창출직무의 적합도가 좌우되는데 두뇌선이 뚜렷하고 깊게 잘 발달되었으며 그 길이가 길수록 지식창출직무의 적합도가 높아진다. 두뇌선이 빈약하거나, 짧거나, 장애선들이 뚫고 들어갔거나, 중간에 섬이 있거나, 잘렸거나 하면 할수록 지식창출직무의 적합도는 낮아진다.

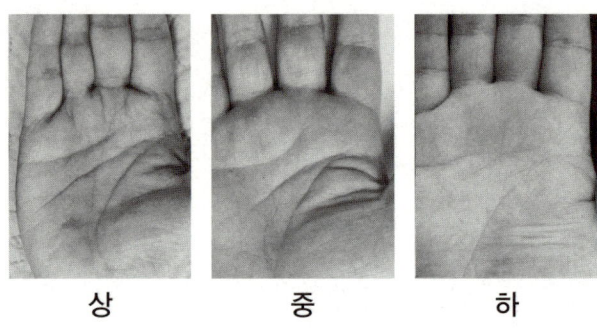

상　　　　중　　　　하

(3) 신체활동직무

1) 수렵채취 시대의 인간의 노동력과 산업자본주의 시대의 인간의 생산력과는 다른 개념의 신체활동 직무가 새롭게 정립되고 있다. 신체활동직무는 직접적인 신체 에너지 소모가 많은 역동적인 업무로 운동선수, 운송관련 업무, 연기자, 모델, 현장생산직 등과 같이 신체 에너지를 활용한다.

2) 신체활동에는 직접적인 면대면 활동을 포함하며 인간의 노동력 활용이라는 기본적 활동이 포함되므로 생명선의 발달 상태에 따라 신체활동직무의 적합도가 좌우된다. 생명선이 뚜렷하고 깊고 완만하게 곡선으로 잘 발

달되었으며 그 길이가 길수록 신체활동직무의 적합도가 높아지고 반대로 생명선이 빈약하거나, 짧거나, 건강선이나 방종선이 뚫고 들어갔거나, 중간에 섬이 있거나, 잘렸거나 하면 할수록 신체활동직무 적합도는 상대적으로 낮아진다.

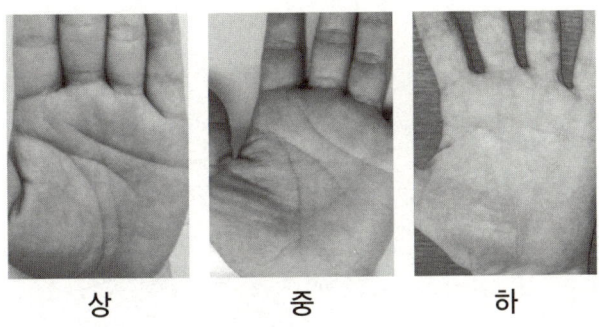

상　　　　중　　　　하

(4) 정서유대직무

1) 감정노동과는 다소 다른 개념으로 커뮤니케이션을 통하여 인간적 친화력을 활용하는 활동을 의미한다. 정서유대직무는 인간적인 수용력을 바탕으로 한 친화적인 업무로 상담, 교육, 방송 등과 같이 친밀감 형성과 인간적 유대관계를 활용한다.

2) 수용적인 지능과 능동적인 지능이 동시에 활용되므로 태양선의 발달 상태에 따라 정서유대직무의 적합도가 좌우되는데 태양구가 두툼하며 태양선이 뚜렷하고 깊게 잘 발달되었으며 그 길이가 길수록 정서유대직무의 적

합도가 높아진다. 반대로 태양구와 태양선이 빈약하거나, 짧거나, 장애선이 뚫고 들어갔거나, 중간에 섬이 있거나, 잘렸거나 하면 정서유대직무의 적합도는 상대적으로 낮아진다. 또한 정서유대직무는 생명선, 두뇌선, 감정선의 삼대선이 태양선과 함께 적당히 같이 잘 발달해 있을수록 직무적합도가 높아진다.

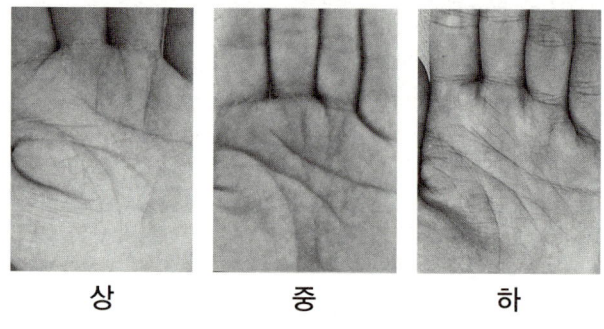

상 중 하

4. 손동작과 태도에 따른 특성

(1) 손동작과 태도

손동작은 그 사람의 성격이나 행동을 나타낸다. 손동작을 통해 본 그 사람의 성격이나 행동에 대한 판단을 할 수 있는데 이러한 판단법은 심리적 측면에 의한 것이다.

1) 주먹을 쥐고 있는 사람

주먹을 쥐고 양손을 늘어뜨리고 있는 사람은 강한 의지력과 결단력의 소유자로 무엇인가 일을 시작하고자 하는 사람이다.

2) 손바닥을 벌리고 있는 사람

손바닥을 힘없이 벌리고 있는 사람은 추진력과 끈기가 부족한 사람으로 주로 항상 무엇인가를 마음속에서 쫓는 공상가들이 많다.

3) 손을 항상 움직이는 사람

손을 가만히 두지 못하고 계속 움직이는 사람은 태도가 불성실하고 겉과 속이 일치하지 않는 사람이다. 또 말을 할 때 손을 멋있게 움직이는 사람도 같은 스타일이다.

4) 두 손을 축 늘어뜨리고 있는 사람

두 손을 힘없이 축 늘어뜨리고 있는 사람은 추진력, 적극성, 자신감, 자기주도성이 부족한 소극적인 사람이다. 그러나 때로는 이와 반대 성격인 사람도 이와 같은 태도를 취하는 때도 있지만 늘어뜨린 두 손에 강하게 힘이 들어가 있다.

5) 호주머니에 손을 넣고 있는 사람

비밀이 많고 음성적인 사람이다. 항상 무엇인가를 골똘히 생각하고 있지만 그것이 그렇게 중요한 생각은 아닌 경우가 많다.

6) 뒷짐을 지고 있는 사람

항상 무엇인가를 깊이 생각하는 사람으로 대단히 신중한 사람으로 사람을 신용하는 일이 없어 무슨 일이든 자기가 처리해야 마음이 놓이는 소심한 유형이기도 하다.

7) 손을 쓰다듬는 사람

두 손을 쥐거나, 또는 손을 쓰다듬는 사람은 상대의 기분과 분위기를 맞추는 아부를 잘하는 사람이다. 자기주관이 없는 대신 다른 사람을 따라가는 수동적인 사람이다.

(2) 악수하는 손동작에 따른 성격특성

악수를 할 때 손을 내미는 상태와 악수하는 방법 등으로 상대를 판단할 수 있다. 그리고 악수하는 손의 행동으로도 상대방의 성격과 성향, 심리와 행동성향을 판단할 수 있다.

손을 내미는 행동은 대체적으로 다음 6가지로 분류하고, 개인별 특이한 행동을 참고해 판단하는 것이 바람직하다.

1) 다섯 손가락을 쫙 펴는 형

다섯 손가락을 쫙 펴는 형은 화통하고 명랑한 성격으로 활동성을 중시한다. 따라서 대인관계가치와 활동가치를 중시하는 성격과 성향을 가지고 있다. 단점으로는 책임감이 부족하고 끈기가 없으며 자유분방해 비밀유지가 어렵다는 점을 들 수 있다.

2) 엄지를 쭉 펴는 형

엄지를 쭉 펴는 형은 권위와 명예를 중시하고 자기주관이 뚜렷하며 자기주장이 강하다. 따라서 모든 일을 자기중심적으로 처리하는 강한 행동력을 보인다. 단점으로는 자기주장이 너무 강하고 유연성이 부족해 자기 의견을 반대하거나 거부하면 강한 반발심을 갖는다.

3) 검지를 벌리는 형

검지를 벌리는 형은 독립심이 매우 강하다. 자기책임감이 강하여 주어진 목표를 완수하는 장점이 있으며 뛰어난 집중력으로 추진하는 일의 완성도가 높다. 그러나 지나친 경쟁심리 등으로 자기본위적이며 이기적이어서 타인과의 협조심이 부족한 것이 단점이다.

4) 약지를 벌리는 형

약지를 벌리는 형은 참을성과 인내, 의지와 조화력이 약하다. 의지와 균형, 조화력이 적은 만큼 갈등상황이 발생했을 때 해소능력이 부족한 단점을 피할 수가 없다. 이런 사람과의 무리한 약속이나 기대는 실현가능성이 낮다는 점을 참고해야 한다.

5) 소지를 벌리는 형

소지를 벌리는 형은 집중력과 몰입력이 약하다. 종합하고 정리해 마무리하는 능력이 약하고 자기 의사를 표현하는 능력도 부족하다. 힘들거나 어려운 문제는 피해가려는 성격으로 책임지는 일을 싫어하는 스타일이기 때문에 리더로서의 역량과 관리자의 특성을 개발해야 조직을 리드할 수 있다.

6) 다섯 손가락을 오므려 붙이는 형

다섯 손가락을 오므려서 붙이는 형은 꼼꼼하고 치밀하며 소심한 성격을 가지고 있다. 성격이 치밀하여 상대를 신임하기 전에는 친해지기 어렵고 원칙과 규정을 중심으로 행동하는 성향이 있다. 알뜰하고 낭비하지 않고 저축하려는 성향이 강해서 구두쇠 소리는 들어도 경제적으로는 손실이 없다. 단점은 시야가 좁고 융통성이 부족하며 대인관계도 지나치게 신중하여 인간관계의 폭이 넓지 못하다.

손금에 따른 직업적성

1. 두뇌선 방향에 따른 직업적성

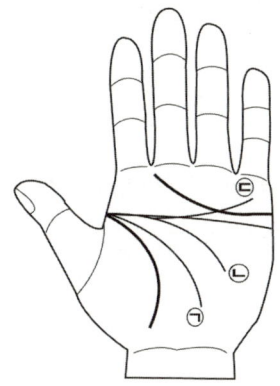

㉠은 정신세계를 지향하는 스타일로 공상에 빠지거나 소설책 읽는 것 등을 좋아하는 꿈이 있는 사람으로 창조성이 있어 예술 방면에 적합하다. 작사, 작곡, 연주가, 화가, 시인, 소설가, 심리상담가, 역술인, 철학자 등 개성과 아이디어를 살릴 수 있는 자유업이 좋다.

㉡은 가장 평범하고 합리적인 유형의 사람으로 현실적이고 실리적이다. 직업으로는 사무직, 서무직, 관리직, 공무원, 직장인 등이 좋다.

㉢은 물질세계를 지향하는 스타일로 금전감각이 뛰어나고 이재·취재 능력이 좋다. 모든 일을 금전적으로 생각하는 경향이 심한데 이런 점만 주의하면 자영업, 기업경영 등에 좋다.

㈃ 두뇌선과 감정선이 하나로 연결되어 손바닥의 중앙을 가로지르는 사람은 자신의 적성에 맞는 직업을 만나면 모든 정열을 기울여 열심히 노력하여 능력을 발휘한다. 이런 손을 가진 사람은 매우 기운이 강한 사람으로 사람의 마음을 끄는 능력을 가지고 있으므로 크게 성공하는 사람이 많다. 자신이 원하는 직업에 종사하면 크게 성공하는 반면, 만약 그렇지 못하면 그 능력을 활용하지 못하는 평범한 일생을 보내게 된다. 그러므로 이런 손금은 자신의 적성에 맞는 직업을 찾는 것이 성공의 키-포인트다.

예체능 분야, 자유업이 적합하며 의사, 교사, 종교인 등도 좋다. 디자이너, 작사가, 작곡가, 가수, 연주자, 카피라이터, 건축가, 만화가 등 개성을 살릴 수 있는 직업이 좋고, 독특한 아이디어를 활용하는 직업도 좋다. 기업의 경영자나 조직의 리더인 사람이 많고, 완고한 괴짜, 아이디어맨 등 개성이 강한 인물이 많다.

2. 두뇌선 유형에 따른 리더십과 직업적성

㈀ 두뇌선이 생명선 위에서 출발하는 사람은 대담하고 적극적인 행동파로 과감하게 승부하는 타입이다. 영업사원으로 크게 성공하거나, 직장에서 적극적인 리더십을 발휘하는 등 쾌활하고 능력 있는 사람이다.

㈁ 두뇌선이 생명선 아래에서 출발하는 사람은 리더의 역할을 맡기에는 역부족이다. 과감하게 업무를 처리하거나 남 앞에 나서는 일이 어색한 사람이기 때문에 보좌역이나 참모역할이 맞는 사람이다.

㈂ 긴 두뇌선은 돌다리도 두드려보는 내밀하고 조심스러운 성격으로 경

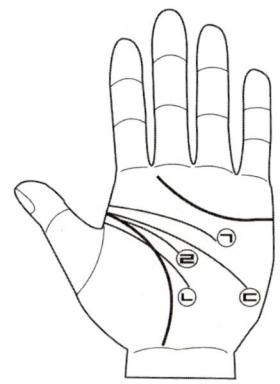

영자보다는 기획이나 구성 혹은 참모역에 머물러 있는 사람이 많다. 적당한 직업은 지적활동을 하는 학자, 선생, 교수 등이다.

ㄹ 짧은 두뇌선은 깊이 사색하고 통찰하기보다는 직감과 재치가 번뜩이는 즉흥적인 사람으로 행동력과 돌파력이 우선인 자영업이 적합하다.

3. 두뇌선의 지선에 따른 특성

ㄱ 두뇌선의 위로 몇 줄의 지선이 있는 사람은 긍정적 마인드가 강하며 유행의 첨단을 걷는 사람으로 무슨 일에도 적극적인 사람이다.

ㄴ 두뇌선의 아래로 몇 줄의 지선이 있는 사람은 호기심이 강하며 어떤 일에 흥미를 가지면 몰두하는 스타일로 아주 다른 두 가지 분야의 일을 능숙하게 처리할 수 있는 멀티형의 다재다능한 투잡(two-job)이 가능한 사람이다.

ㄷ 두뇌선이나 생명선에서 출발해 목성구로 향하는 향상선이 있는 사람은 이상을 향해 열심히 노력하는 야심가이다. 이 선은 열정과 노력의 징표

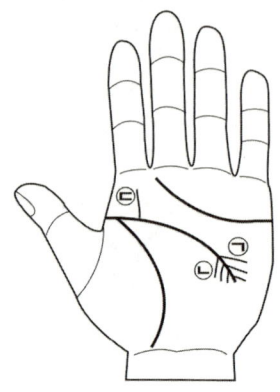

이다. 반대로 향상선이 없는 사람은 커다란 목표나 이상이 없는 평범한 사람이다. 향상선은 노력으로 나오는 선이라 할 수 있다.

4. 운명선에 따른 직업적성

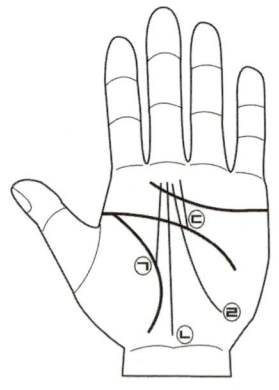

㉠ 생명선에서 출발하는 운명선은 자신의 노력으로 창업, 승진, 입학, 결혼 등의 인생의 변화를 이루는 것을 말한다. 이 선은 주변 친구나 친지의

도움도 받게 되는데 이러한 유형은 직장생활보다는 독립하여 창업하는 것이 좋다.

ⓒ 손목 중앙에서 곧바로 토성구로 향하는 운명선은 오로지 한길을 가는 성격으로 꾸준히 노력해서 성공하는 스타일이다. 평생 한 직장생활인이나 자영업자들에게 많이 나타난다.

ⓒ 두뇌선에서 출발한 운명선은 지식적 재능이 탁월한 사람이다. 따라서 예술이나 문학 철학 등 전문분야에서 성공하는 사람이 많다. 학교 선생님을 비롯해 학원이나 다도, 서예, 문인화, 역학, 한자 등 가르치는 재능이 있다.

ⓒ은 타인의 도움이나 대중의 인기로 개운하는 사람으로 이 선을 인기선이라고도 한다. 예능이나 예술 또는 화장품, 패션, 피부관리, 네일아트, 모발관리 등의 뷰티산업이나 접객서비스업 등으로 성공하는 경우가 많다.

5. 손바닥의 잔주름에 따른 적성분류

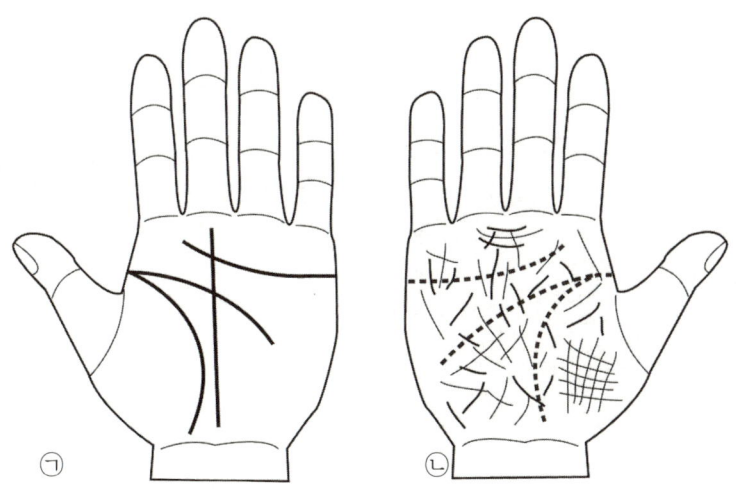

㉠처럼 잔주름이 없는 경우는 단순명료하고 건강하여 스포츠 선수 등 육체 노동이 적합하다. 현장에서 육체노동을 하는 사람들은 대부분 손바닥에 잔주름이 없다. 체력이 강하여 노동력을 쓰는 직업이 많고 힘을 쓰는 일이 아니라도 몸을 움직여 하는 일이나 발을 사용하는 일에 종사한다. 이런 손은 책상에 앉아서 하는 사무직은 적합하지 않다.

　㉡처럼 손바닥에 잔주름이 많은 사람은 섬세하며 신경이 예민한 사람이다. 모든 일을 세세하고 정확하게 하지 않으면 마음이 놓이지 않는 성격으로 경리직이나 사무직 등에 적합하다. 학자나 문필가와 같이 머리를 쓰는 직업이나 세세한 표현이나 묘사를 요하는 섬세한 지적노동 등에 적합하다. 또 감수성이 예민하기 때문에 예술적인 분야에서의 활약 등을 기대할 수 있다. 하지만 잔주름이 없다고 무조건 지적노동에 어울리지 않는 것은 아니다. 그런 사람도 정신적, 지적노동에 종사하면 단기간에 잔주름이 생기기도 한다.

손금에 따른 성격적 특성

1. 행동파 유형의 손금

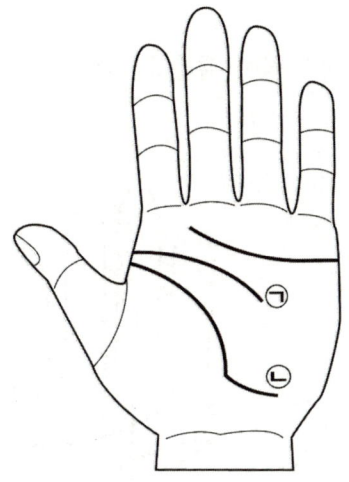

㉠ 두뇌선이 생명선에서 떨어져 출발하고 있는 사람 - 대담한 행동파로 정열적이고 의협심이 강하기 때문에 리더스타일이라고 할 수 있다. 배짱도 있고 외면은 별로 신경 쓰지 않는 사람으로 사람들 앞에서 당당하다. 이 유형은 좀 덜렁대는 면이 있어 주위사람을 불안하게도 하지만 정작 본인은 만사에 태연하다. 두뇌선의 기점이 생명선에서 멀수록 성격이 강하고, 너무 떨어져 있으면 과도한 자신감으로 커다란 실패를 할 수 있으니 도를 넘지 않도록 주의하여야 한다.

ⓛ 생명선의 끝이 월구로 흐르는 사람 - 이 타입은 한시도 가만히 있지 못하는 적극적 행동파이다. 따라서 책상에서 하는 사무직은 맞지 않는다. 움직일수록 능력을 발휘하기 때문에 활동적으로 움직이는 것이 좋다. 해외영업, 운전 등 현장업무에 맞는 상으로 여러 사람을 만나거나 활동적인 일에 종사하는 것이 좋다.

2. 대범하고 시원시원한 유형의 손금

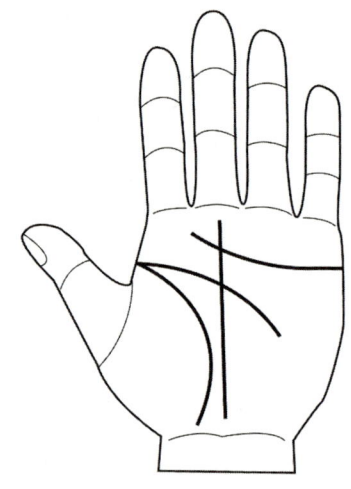

생명선, 두뇌선, 감정선, 운명선만 선명하고 잔선이 거의 없는 사람은 대범한 사람으로 사소한 일로 고민하거나 슬럼프에 빠지는 일이 없다. 신경쓸 일이 생겨도 하루면 잊어버린다. 주로 남자들에게 많지만 여자가 이런 손이면 시원시원한 여장부이다. 쾌활하고 단순명료한 스타일이다.

3. 인내심이 부족한 유형의 손금

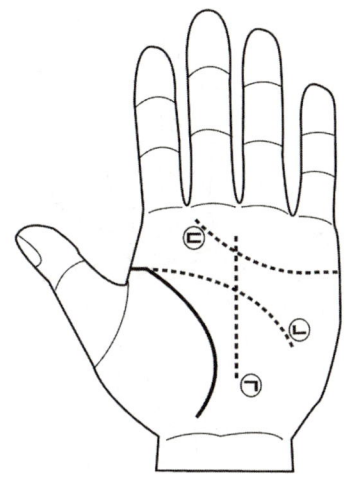

㉠ 운명선이 옅고 토막 나 있는 경우 - 끈기가 부족하고 싫증을 잘 내며 한 가지 일을 계속하지 못하는 유형이다. 무슨 일이든 2~3년 정도 열심히 하다가도 실증을 잘 내 직업에 변화가 많고, 사랑에서도 상대를 자주 바꾸는 유형이다. 무슨 일을 해도 중도좌절하니 큰 성공을 기대하기 어렵다.

㉡ 두뇌선이 토막 나 있는 경우 - 생각과 사고의 변화가 많은 사람으로 당장 눈앞의 것이 좋으면 그리로 쏠리는 우유부단하고 신념이 없는 사람이다. 이런 사람은 신념과 의지가 부족하여 결국에는 주변에 사람이 없다.

㉢ 감정선이 토막 나 있는 경우 - 감정에 변화가 심하고, 애정에 변덕을 잘 부리는 사람으로 스캔들이 끊이지 않는 사람이다. 결혼해서는 바람을 피우기 쉽다.

4. 감수성이 섬세한 유형의 손금

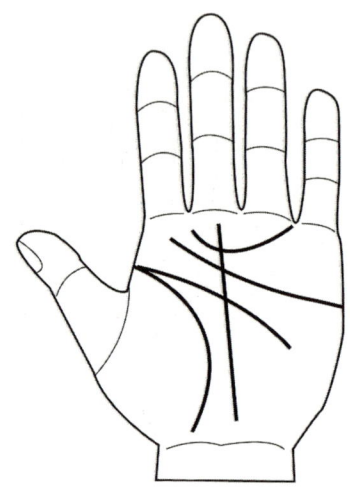

검지와 약지의 사이에 활모양으로 금성대가 있는 사람은 매우 섬세하고 감수성이 예민하며 이성에 대해서 관심이 많고 성적性的으로도 민감하다. 문학, 예술계통에 좋은 적성을 나타낸다. 금성대가 선명할수록 그 의미가 강하고, 2중금성대는 더욱 강하다. 그러나 토막 나 있는 금성대는 이 선이 가진 의미가 약해진다.

5. 노력형, 현시형, 인기형, 총애형, 유머형

㉠ 생명선에서 검지 쪽으로 올라간 선을 희망선이라 한다. 이 선은 노력형에게 나오는 것으로 일이건 스포츠건 열심히 해서 성공하려고 한다.

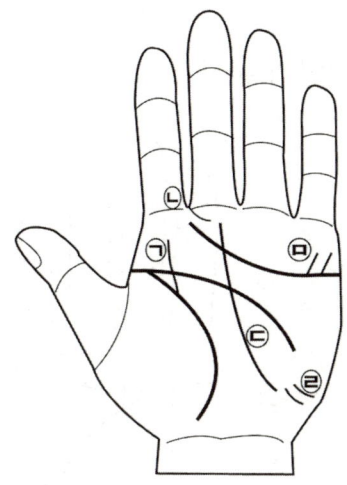

ⓒ 검지와 중지 사이에서 지선이 나온 사람은 자기현시형이다. 이런 사람은 자기 홍보와 PR의 재능이 뛰어나고 순간의 재치와 발상이 뛰어난 사람으로 유명 강사 등이 많다.

ⓒ 월구에서 토성구로 향하는 운명선은 인기형으로 타인의 도움이나 대중의 인기로 발복하는 사람으로 예술이나 예능 방면의 일, 또는 화장품, 피부관리, 네일아트, 접객서비스업, 운명철학 등으로 성공한다.

ⓔ 월구 밑에 짧게 한두 개의 총애선이 있는 사람은 회사에서는 동료들에게 호감을 얻고, 상사로부터는 신임을 받는 사람이다. 애교가 많고 귀여운 성격으로 누구에게나 사랑을 받는 총애형이다.

ⓜ 감정선 위에 지선은 재미있는 사람으로 같이 있으면 절대 지루하지 않은 타입의 유머형이다.

6. 영감이 강한 사람의 손금

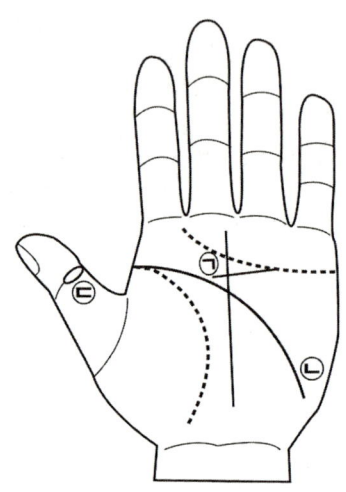

㉠ 감정선과 두뇌선의 중간에서 운명선에 장애선이 교차되어 생긴 문양을 신비의 십자가라고 한다. 이 문양을 가진 사람은 매우 신앙심이 강한 사람이거나 특별한 영적능력을 가지고 있는 사람이 많다. 또 조상 중에 덕을 쌓은 사람이나 공덕이 있는 선조가 있는 경우에 나오는 선으로 인생에 어려움과 실패가 있어도 조상이 수호신이 되어 그 사람을 보호해주기 때문에 어려움을 극복하게 된다. 영적능력이나 초능력 등의 세계를 믿고 있는 사람이나 역술 무속인 등에게서 많이 볼 수 있다.

㉡ 두뇌선이 월구 쪽으로 길게 뻗어 있는 경우 - 두뇌선의 끝이 내려가 월구 아래쪽으로 가면 갈수록 정신적, 예술적, 신비주의적인 면이 강한 사람이다.

㉢ 엄지 제1관절에 눈의 형상으로 선이 있는 사람은 영감이 강하다. 부

처의 눈으로 일컬어지는데 신앙심이 강하거나 초능력자에게 자주 보이는데 초능력까지는 아니어도 날카로운 영감을 가지고 있는 사람이다.

7. 출세형, 재물형, 이중생활형의 손금

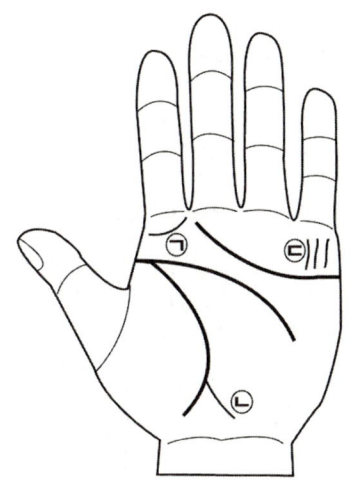

㉠ 솔로몬의 링이라고 한다. 이 선을 가진 사람은 머리가 매우 좋은 야심가로 그에 부합하는 실력을 구비하고 있기 때문에 자기분야에서 상당한 성공을 거두고 사회적 지위와 명예를 얻고 출세한다. 그러나 지나친 자신감으로 오버하기 쉬우므로 항상 겸허해야 한다.

㉡ 아래 부분이 이중으로 되어 있는 생명선 - 국내와 해외의 이중생활이나 서울과 지방의 두 지역을 오가며 이중생활을 하는 사람들에게 나타나는 선이다.

㉢ 수성구에 있는 선을 재운선이라고 한다. 토막 난 재운선은 돈이 들어

와도 지출이 많아 그다지 돈을 모으지 못한다. 꾸불꾸불한 선은 현재 돈을 모으는 데 노력하고 있는 사람이다. 금전운이 좋아지면 재운선은 바로 나타나는데 곧바로 뻗은 확실한 선이 가장 좋다. 금전적으로 사업적으로 크게 성공하는 선이다.

8. 운명선의 모양에 따른 특성

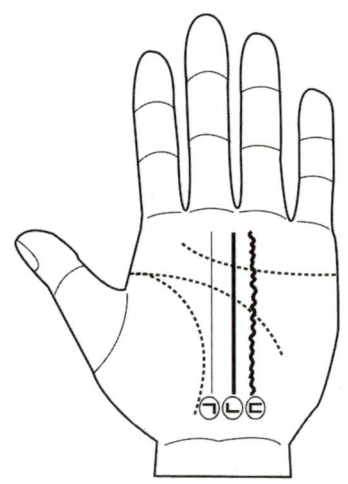

㉠ 흐리고 약한 운명선 - 인생에서 최대한의 노력과 실력을 발휘하고 있지 않는 사람이다. 여자의 운명선이 이러하면 남편의 말에 순종하는 타입이고, 남자는 인생목표가 뚜렷하지 않고 노력하지 않는 우유부단한 사람이다.

㉡ 굵고 뚜렷한 운명선 - 흐리고 약한 경우와는 반대로 여자라면 확실한 자기 직업을 가지고 일을 척척 해나가는 사람으로 남편을 우습게 보는 경

향이 있는 커리어 우먼스타일이다. 남자라면 확실한 인생 목표가 있는 사람이다. 그러나 태양선과 두뇌선 등을 참조해 종합적으로 판단해야지 운명선만으로 판단하는 것은 위험하다. 운명선만 강하고 다른 선이 빈약하다면 단순하고 완고한 자기만의 인생이 되기 쉽다.

ⓒ 꾸불꾸불 구부러진 운명선 - 평탄한 인생길을 가지 못하고 구부러진 유년기에 심한 고생을 하며 직업변화가 많은 파란만장한 스타일로 두뇌선과 감정선이 좋으면 고생한 끝에 성공한다. 그러나 두뇌선과 감정선이 불분명하면 일생 고생만 한다.

9. 손금으로 운세를 파악하는 방법

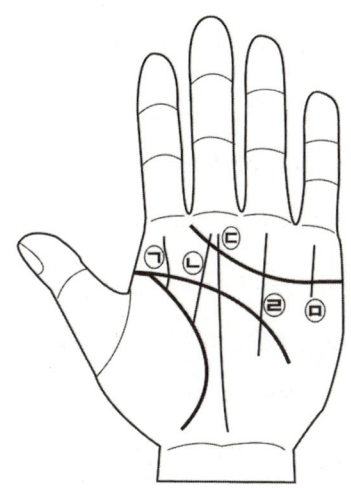

5개의 세로선의 다소 또는 강약으로 운세를 본다.

㉠ 희망선이 검지부분까지 강하게 올라가 있는 사람은 야심, 향상심, 희

망과 꿈의 성공 운세가 크다.

ⓛ 개운선이 진하게 나타나면 개운 발복의 힘이 강하다.

ⓒ 운명선은 남성은 진할수록 좋고 여성은 보통(진하지도 옅지도 않은)이 좋다. 여자가 운명선이 너무 강하면 속칭 팔자가 세다.

ⓔ 확실한 태양선은 행운의 힘이 크다. 그러나 생명선과 두뇌선 정도의 선명함으로 나와 너무 지나치게 굵고 확실한 태양선은 다른 선과 비교해서 정말 큰 명성과 성공에 어울리는지 살펴보아야 한다.

ⓜ 재운선으로 현재의 재물운, 사업운을 본다. 확실하고 곧을수록 좋다.

10. 행운을 나타내는 손톱의 흰점

손톱의 흰점은 행운을 말해준다. 그러나 흰점은 1개~2개 나올 때가 행운의 표시이며 여러 개가 나오는 경우는 신경이 혹사되어 노이로제 상태이기 때문에 휴식이 필요하다. 이 흰점은 손톱이 나는 것과 마찬가지로 아래에서 위로 올라가는 것으로 이 흰점이 나타나서 없어질 때까지는 약 4개월로 이 기간이 그 사람의 행운의 시기이다.

또 흰점이라도 이것이 나오는 손가락에 따라서 의미가 조금씩 다르다. 일반적으로 소지는 부동산과 금전의 행운, 약지는 금전과 명성의 행운, 중지는 학업과 여행 등의 행운, 검지는 직장이나 일의 행운, 엄지는 애정관계의 행운을 말한다.

11. 손의 형태에 따른 운명적 특성

(1) 재물운

① 공상형의 손과 예술형의 손은 대체적으로 재물운이 좋다.
② 엄지손가락과 금성구가 잘 발달된 사람이 재물운이 좋다.
③ 소지와 약지 사이 수성구가 발달한 사람이 재물운이 좋다.
④ 목성구가 발달한 사람도 재물운이 있기는 하나 저축을 못하므로 많은 재산을 모으기는 어렵다.
⑤ 재물운이 좋으려면 우선 삼대선과 운명선, 태양선의 상태가 좋아야 한다.
⑥ 재정선이 잘 발달하면 많은 재물을 얻을 수 있다.

(2) 애정운

① 공상형의 손과 예술형의 손이 감수성이 풍부하고 예술적이며 또 낭만적이어서 애정운은 제일 좋다.
② 철학형이나 실무형 손은 연애보다는 현실적이고 경제적인 면에서 더 유능한 사람이다.
③ 금성구가 발달한 사람은 성격이 좋고, 정력이 강하며, 애정적이고, 다정다감하다.

④ 월구月丘는 공상과 꿈을 나타내므로 이 부위가 발달한 사람은 정신적으로 사랑에 몰입한다.

⑤ 두뇌선의 상태도 그 사람의 연애 스타일이나 이상형에 크게 영향을 준다.

(3) 성공운

① 원시형의 사람은 육체노동을 이용한 일을 하기 때문에 지위는 낮으나 어느 정도의 직업적 안정은 얻을 수 있다.

② 실무형의 손과 활동형의 손은 활동 에너지가 왕성한 사람이기 때문에 다른 형의 손보다는 성공운이 따르고 그 기회도 많다.

③ 예술형과 공상형의 손은 예술적 자질을 요하는 분야를 제외하고는 지나친 성공과 출세를 바라지 않는 것이 좋다.

④ 운명선의 상태로 그 사람의 노력여부를 알 수 있고 태양선의 상태로 인기, 신용, 성공 등의 운기성쇠를 알 수 있다.

손금에 따른 결혼과 연애운

1. 행운을 나타내는 선

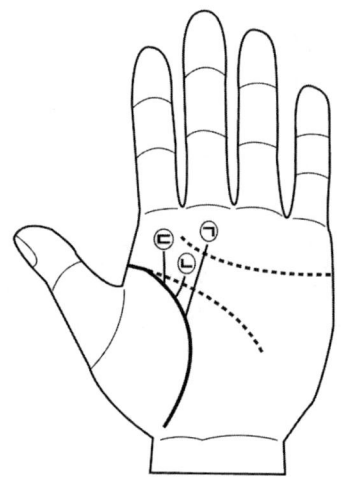

생명선 위로 오르는 선은 행운의 의미를 가지며 대략 3개의 선이 있다.

㉠ 생명선 내에서 상승하는 운명선 - 배우자에 의한 도움의 의미도 있고 해당 유년에 친구나 친척 형제 등의 도움을 크게 받고 행운을 잡는다.

㉡ 생명선에서 바로 위로 오르는 단선 - 희망선이라 하는데 보통 1~2cm이다. 이 그림의 경우는 25세경에 독립, 승진, 약혼, 결혼, 출산, 합격, 개업 등 개운이 된다.

㉢ 생명선 상에서 검지 방향으로 올라가는 향상선 - 이 선은 권력이나 야심, 희망, 꿈을 의미하는 검지 방향을 지향하기 때문에 자기의 권력, 명

예, 야심, 꿈, 목표 등을 위해 분발하는 것을 나타낸다.

2. 연애운을 알 수 있는 선들

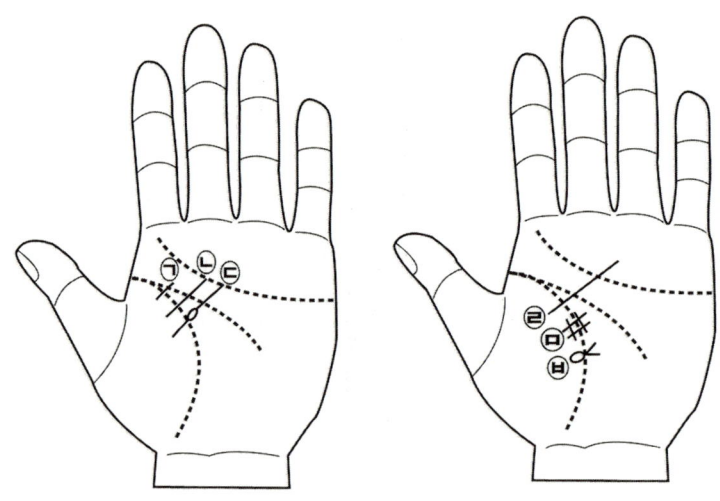

　㉠ 20세 정도까지는 이와 같이 연애선이 짧게 나타나는 경우가 많고 짝사랑도 많다.

　㉡ 감정선에서 금성구로 빠져 들어가는 연애선으로 이 선은 결혼을 나타내는 경우도 있지만 대부분 사랑하는 사람을 만나는 시기를 나타낸다. 생명선을 자르는 장애선과 비슷하게 나타나 알아보기 힘들다. 열애는 사랑으로 아무 일도 손에 잡히지 않는 상태이니 사랑에 의한 마음속의 혼란이라고 생각하면 된다. 기혼자에게 이 연애선이 나타나면 외도에 빠지거나 아이를 임신하는 시기가 된다. 그림에서는 25세경에 열애를 하는 것을 나타낸다.

ⓒ 연애선에 나오는 섬은 어디 있어도 불륜 등의 고민을 말한다.

ⓔ 감정선의 위쪽에서 파고들어가는 변종연애선은 이 선이 생명선을 자른 유년에는 상대와 맺어진다. 전생의 인연이 깊은 상대로 동거를 하는 일도 많고, 정신적으로 깊은 사랑을 갖는다.

ⓜ 이 문양이 생명선에 닿는 유년에는 삼각관계가 일어난다. 한 사람과 잘 교제하고 있는데 또 다른 상대가 나타나 열렬히 구애하는 경우가 많다.

ⓗ 생명선 내에 파고 들어간 문양이 있으면 문제가 일어나는데 이 문양의 생명선 안에 섬이 생기면 애정에 큰 문제가 일어난다.

3. 인상선과 애정운

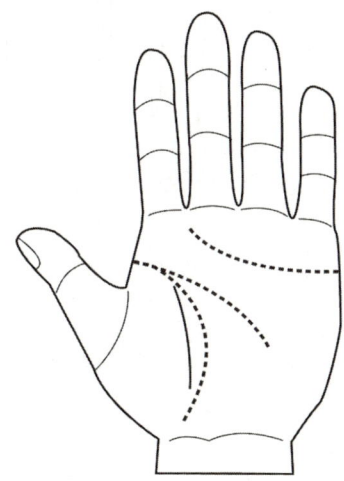

많은 사람의 손에 긴 인상선이 나타나는데 이 상은 애정이 오래도록 이

어지는 상이다. 왼손은 상대로부터의 애정, 오른손은 자신의 애정을 말한다. 양손에 있으면 서로의 사랑이 오래도록 지속된다. 이 선이 애정이 오래 유지되는 이유는, 생명선에 갑자기 흘러들어온 선 같이 급격하게 성사되어 갑자기 이루어지는 결혼과는 다르기 때문이다. 부부간에 사이좋은 친구처럼 지내며 서로의 인격을 존중하는 경우가 많다. 이렇게 긴 인상선을 가진 사람은 견실하고 진정한 사랑을 키워가는 사람이라고 할 수 있다. 이 선의 출발점이 결혼의 해가 된다.

4. 생명선 안쪽의 짧은 단선

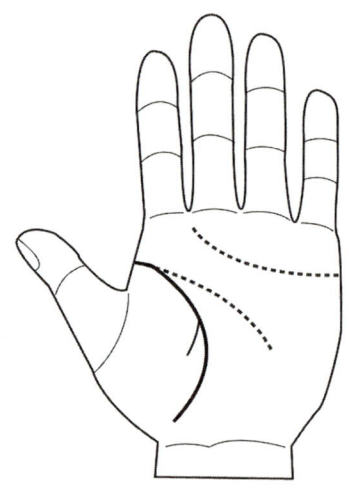

이 같은 지선은 너무 흐려서 빛의 각도를 미묘하게 바꾸어야 보이는 사람도 있으며 선명하게 나와 있는 사람도 있다. 이 선의 분기점이 결혼이나 약혼의 해이다.

5. 결혼시기를 나타내는 선

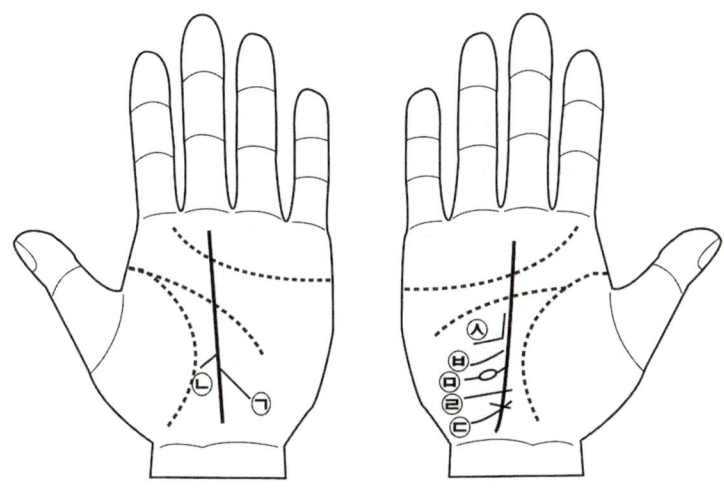

결혼시기를 나타내는 대표적인 선은 아래에서 비스듬하게 상승해 운명선에 합류하는 영향선이다.

㉠ 영향선이 월구(타인)에서 올라와 합류하는 경우 – 연애결혼을 하게 된다. 결혼 이외에도 보호자의 출현, 유력한 후원자의 출현, 원조자 등 외부인의 큰 영향이 있게 되고 그 시기는 영향선이 운명선에 들어간 때의 유년이다. 결혼적령기의 남녀는 거의 결혼, 약혼, 동거, 애인 등이 나타남을 의미한다. 선의 선명함은 그 영향력의 정도를 나타낸다.

㉡ 엄지손가락 쪽, 금성구에서 출발해 운명선에 합류하는 영향선 – 맞선결혼의 상으로 이 경우에는 해당 유년에 맞선으로 결혼하게 된다.

㉢ 영향선이 운명선에 흘러들어간 지점을 장애선이 가로지르는 경우 – 그 시기의 연애는 헤어지는 경우가 많다.

ⓔ 영향선이 운명선을 통과하고 있는 경우 – 상대의 마음이 바뀌거나 배신에 의해 이별이 생긴다. 기혼자는 이혼을 하기도 한다.

ⓜ 영향선에 섬이 나오는 경우 – 고민이 많은 사랑으로 불륜관계거나 상대의 바람기나 결점에 의해 상처를 입는다. 해당 유년에 색난色難을 겪는다.

ⓑ 영향선이 운명선으로 흘러 들어가다가 직전에서 멈춘 경우 – 결혼 직전에 감정이 식어버려 결혼까지 가지 못하는 것을 나타낸다. 이런 상을 가진 사람의 대부분은 해당하는 유년에 약혼까지 가서 헤어져 버린다.

ⓢ 영향선이 운명선에 접근한 후 합류하지 않고 평행해 올라가는 경우 – 결혼에 골인하지 못하고 친구처럼 계속 교제만 한다.

6. 행복한 결혼을 나타내는 선

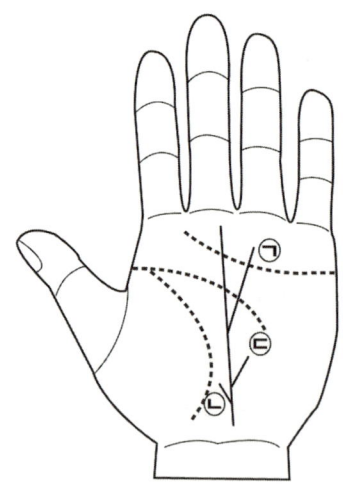

㉠ 운명선에서 분기하는 태양선 – 해당하는 유년에 큰 행운이 찾아온다.

이 경우는 30세경에 행복한 결혼, 분가나 독립, 창업 등에 의한 성공의 계기가 마련되고, 상속을 받는 행운을 얻는 등 큰 발전을 한다. 이 선은 여러 가지의 결혼표시 중에서 가장 행운을 나타낸다. 평소에는 없어도 결혼하기 1~2년 전에 갑자기 나타나 행복한 결혼을 예고하는 일도 있다.

ⓒ ⓓ 운명선의 한 지점에서 오르는 지선 - 결혼 등의 행운을 나타낸다.

7. 삼각관계, 불륜, 이혼을 나타내는 손금

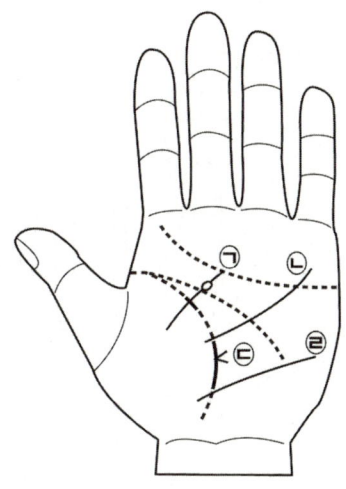

㉠ 감정선에서 금성구로 향하는 사랑선에 섬이 있는 경우는 그 사랑에 문제가 많은 것을 나타낸다. 이 비운의 사랑선이 생명선을 자른 유년에는 대부분의 경우 불륜관계를 맺는데 처음부터 결혼이 불가능한 상대를 만나거나 부자연스러운 삼각관계 등을 맺는다.

㉡ 결혼선에서 금성구로 뻗은 선이 생명선을 자르는 유년에는 미혼자라

면 결혼을 하지만 기혼자라면 애인이 생기고 이때 이혼율은 50%정도인데 만약 섬이 생기면 거의가 이혼한다.

　ⓒ 이 선은 2mm에서 2cm정도까지 다양한데 해당하는 유년에 2명 이상의 상대로부터 청혼을 받게 된다. 그러나 기혼자는 애인이 생겨 부부 파경의 위기를 맞게 된다.

　ⓔ 이 같은 긴 횡선이 생명선을 자르면 거의가 해당하는 유년에 이혼을 하게 된다.

8. 결혼 후의 행불행의 판단

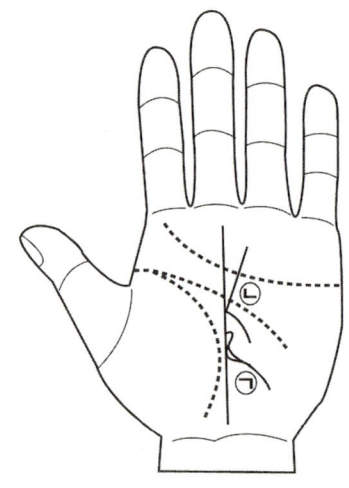

　㉠ 운명선에 영향선이 흘러들어간 위치에 섬이 나타나는 경우 그 합류한 유년에 결혼에 의해 운명적 슬럼프와 고민에 빠지게 되는데 그 지점이 지나면 고생에서 탈피한다. 배우자의 바람기가 끝나 결혼생활이 안정되거나,

이혼하여 해결하는 경우도 있고, 괴롭히던 시어머니가 돌아가시거나 또는 결혼 후 걸린 병이 쾌유되는 경우 등도 있다.

ⓒ 결혼으로 행복해지는 경우다. 멋있는 배우자나 귀인을 만나게 되는 것을 나타내는데 미혼자는 이때에 인생을 행복하게 해줄 이상형의 사람과 결혼을 하게 된다.

9. 애정관계가 복잡한 손금

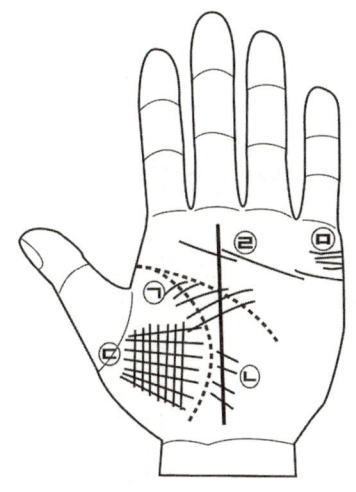

㉠ 생명선을 가로지르는 선이 많으면 애정관계가 복잡할 수 있다. 한 줄이 한 번씩의 만남을 나타내기 때문에 여러 줄이 있으면 그만큼 복잡하다. 생명선을 가로지르는 해에는 인간관계의 만남이 이루어지기 때문에 이런 경우는 같은 상대와 만남과 이별을 반복하여 몇 줄이 되는 경우도 있고, 또 결혼할 생각 없이 이 사람 저 사람 연애만 하는 경우도 있다.

ⓒ 운명선에 영향선이 많이 있으면 여러 사람에게 호의나 애정을 받는 상으로 인기직업, 접객서비스업 등에 적합하며 여러 사람을 만나게 되니 당연히 애정관계도 복잡하게 된다.

ⓒ 금성구에 격자무늬가 있는 사람은 로맨틱한 사랑을 하는 스타일로 친절하여 자상한 애정표현을 하므로 상대적으로 애정관계가 복잡해질 수 있다.

ⓔ 감정선이 흐트러진 사람은 애정관계가 복잡하다. 감정의 변화와 기복이 심하여 만나고 헤어짐이 많아진다.

ⓜ 결혼선이 복잡하게 많은 사람은 주위의 인기를 끌어 당연히 애정관계가 복잡해지게 된다.

10. 애인이 생기는 표시의 손금

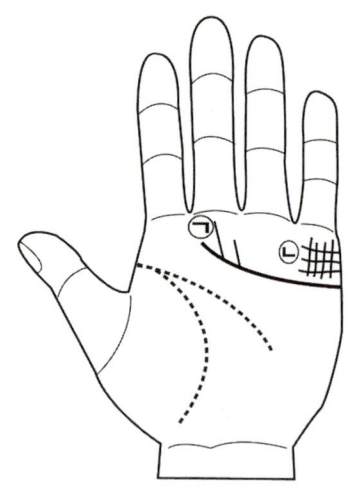

㉠ 감정선에서 토성구 쪽으로 지선이 나오면 가까운 시기에 애인이 나타

나는 표시이다.

ⓒ 결혼선에 짧고 옅은 세로줄이 몇 줄 있는 사람은 애인이나 사랑하는 사람이 없는 상태다. 이 선이 없어지거나 옅어지면 애인이나 연인이 나타나게 되며 반대로 애인이 생기면 갑자기 이 세로선이 없어지는 경우도 있다.

ⓒ 손톱의 흰점은 행운의 표시로 생각지도 못한 돈이 들어오는 등의 기쁨이 생기는데 특히 엄지손톱의 흰점은 사랑하는 사람의 출현을 나타낸다.

11. 손금으로 보는 연애 스타일

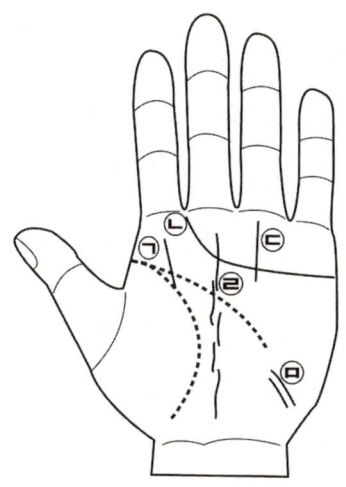

㉠ 향상선이 있는 사람은 꿈과 이상을 향해 돌진하는 사람이다. 남자는 이상형의 여성을 찾아 자신의 것으로 만들기 위해 노력하는 스타일이고 여자는 꿈과 이상이 높아 현실적인 판단으로 결혼을 하는 일이 불가능하여 결국에는 만혼을 하는 경우가 많다.

ⓒ 감정선이 급격하게 구부러져 있는 사람은 열정적인 사랑을 하는 스타일로 한 번 감정에 휩싸이면 사랑을 밀어붙인다. 만약 이런 상대를 만났다면 이러한 성향을 염두에 두고 감정을 잘 조절해야 한다.
　ⓒ 태양선이 확실한 사람은 대체적으로 쾌활하고 낙천적이며 주변 사람에게 호감을 얻는 스타일이다. 특히 여자는 일찍 결혼을 하는 경우가 많다.
　ⓔ 운명선이 토막 난 사람은 사랑도 일도 중도에서 멈추기를 반복하는 스타일이다.
　ⓜ 총애선이 있는 사람은 상대에게 사랑받으며 애교를 부리는 스타일이다.

12. 중혼을 하게 되는 손금

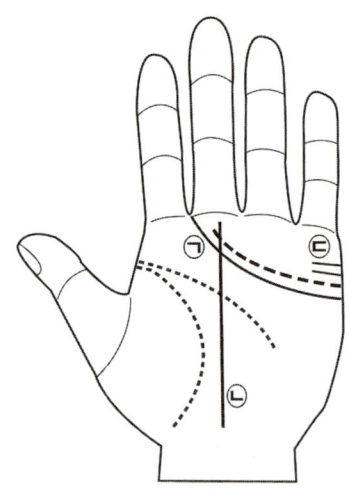

　㉠ 감정선이 확실히 두 줄 나란히 있는 사람은 극히 드물지만 그림처럼 엷거나 토막 난 두 줄의 감정선을 가진 사람은 자주 볼 수 있다. 두 줄의 감

정선을 2중감정선이라 하는데 두 번 결혼하거나 두 집 살림을 하게 되는 상이다. 2중감정선은 주로 남자에게 많고 이 경우는 거의 결혼을 두 번 이상 한다. 그러나 손금에서는 동거나 약혼도 한 번의 결혼으로 보기 때문에 그런 경험이 있고나서 결혼하면 훌륭한 배우자를 만날 수도 있다.

ⓒ 여자 손에 너무 굵고 뚜렷한 운명선이 있으면 전형적인 여장부로 남편과 사별하거나 이별을 할 가능성이 상대적으로 높아지게 된다. 또는 남편이 건강이 안 좋거나 실직을 하는 등 남편운이 안 좋아 두 번 이상 중혼을 할 가능성이 상대적으로 높아지게 된다.

ⓒ 두 줄의 결혼선이 양손에 뚜렷하면 남녀 모두 거의 두 번 결혼을 하게 된다.

13. 원만한 결혼생활을 나타내는 손금

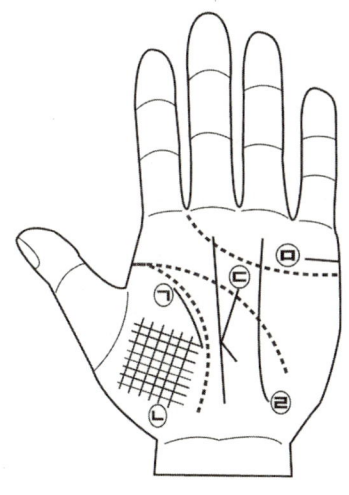

㉠ 인상선이 생명선과 나란히 뻗어 있으면 해당하는 유년에 사랑하는 사람을 만나 헤어지지 않고 잘 살게 된다.

㉡ 금성구에 격자무늬가 있는 사람은 다정한 사람으로 배우자를 위한 배려가 좋아 원만한 부부가 많다. 그러나 다른 이성에게도 친절한 것은 단점이 될 수도 있다.

㉢ 운명선에 영향선이 흘러들어가 합류하는 지점에서 약지로 향하는 지선이 있는 사람은 해당하는 유년에 훌륭한 상대를 만나 덕을 보는 행운이 있게 된다.

㉣ 태양선이 뚜렷한 사람은 대부분의 사람에게 인정을 받고 인기를 얻으며 배우자와 자식에게도 사랑을 받는다.

㉤ 한 줄의 깨끗한 결혼선은 만족하고 행복한 결혼의 표시이다.

손 건강법

1. 손금과 건강

(1) 손금으로 질병을 예측하는 방법

건강선은 아주 건강한 사람에게는 나오지 않는다. 그러나 보통 대부분의 사람에게는 건강선이 있다.

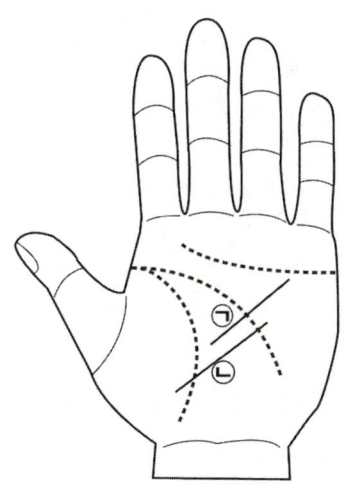

㉠과 같은 건강선이 나오면 건강이 나빠진 상태이기 때문에 자각증상이 없고 당장 건강에 큰이상이 없어도 경고로 받아들여야 한다. 건강선은 몸의

상태에 따라 수시로 변하기 때문에 다른 선보다 더 주의해서 보아야 한다.

ⓒ과 같이 건강선이 생명선을 자르면 병이 깊어지고 건강선이 생명선을 자른 그 유년에는 반드시 병에 걸린다. 건강선의 굵기는 병의 중함을 나타내므로 생명선보다 굵게 자르고 있으면 자칫 그시기에 죽을 수도 있다. 건강선이 주는 신호를 빠르게 포착해 병을 조기발견하고 예방해야 한다.

(2) 건강선과 방종선에 따른 장질환

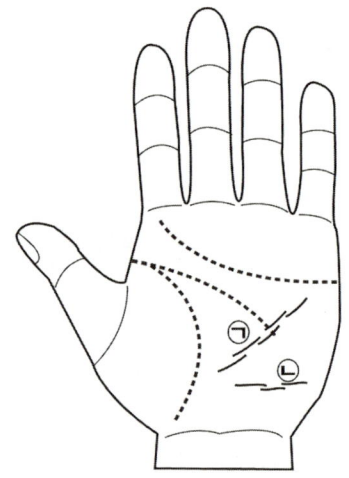

㉠ 토막 나 있는 건강선은 위장이 매우 약해져 있는 것으로 폭음폭식을 하면 나온다. 또 초조불안이나 스트레스 등이 쌓여도 나오는 것으로 현대인에게 가장 많다. 과음과식과 스트레스가 쌓이면 쌓일수록 이 선은 아래쪽으로 뻗어가 결국 생명선을 자르게 된다. 건강선이 생명선을 자르게 되면 위장이 많이 약화되어 그 유년에 위장암 등 큰 질병이 생기는 것을 나타낸다.

ⓒ 월구의 바깥에서 생명선을 향해 토막 나거나 또는 한줄기로 뻗은 선이 방종선이다. 이 선은 폭음폭식, 과도한 섹스, 불규칙한 생활 등에 의해 나오는 선으로 악화되면 점점 뻗어나가 생명선을 자르게 된다.
　㉠의 경우는 위장병을 의미하고 ⓒ은 장질환을 나타낸다. 따라서 이 횡선이 뻗어가 생명선을 자르면 그 유년에 장에 큰 병을 일으키기 때문에 주의해야 한다. 규칙적인 바른 생활습관이나 안정된 생활태도를 유지하는 것이 중요하다.

(3) 건강선의 모양에 따른 질병

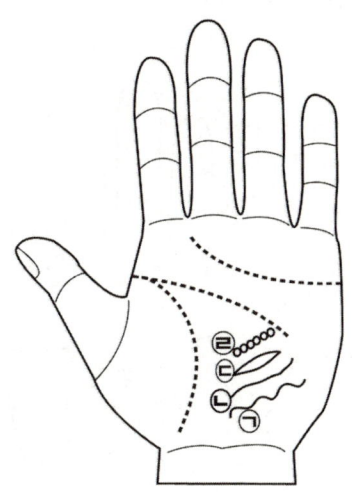

　㉠ 처음에는 곧바로 뻗어 있지만 간장이나 신장병에 의해 서서히 꾸불꾸불하게 구부러지는 경우가 많다. 따라서 술을 자주 마시는 사람이나 쉬 피로감을 느끼는 사람이라면 건강선의 변화에 항상 주의를 기울여야 한다.

ⓒ 완만하게 구부러진 건상선은 간장이나 신장 중 어느 한쪽이 나쁜 경우이다. 손이 노란빛이면 간장이 나쁘고, 얼굴이 부으면 신장이 나쁜 경우로, 손과 얼굴로 판단할 수 있다.

ⓒ 큰 섬 모양의 건강선은 폐, 기관지 등의 호흡기가 약한 경우이다. 대부분의 경우는 이같이 확실히 나타나지 않기 때문에 주의가 필요하다. 담배가 원인인 경우가 많으니 기관지를 돌보는 것이 필요하다.

ⓔ 작은 섬들이 쇄상선으로 되어 있는 건강선은 ⓒ과 마찬가지로 폐나 기관지가 약한 것으로 폐결핵이 되기 쉬우니 주의해야 한다.

(4) 삼대선에 나타난 섬과 질병

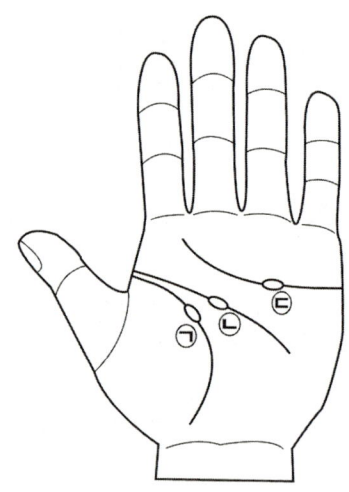

ⓐ 생명선 상의 섬은 심신의 쇠약을 의미하며 해당 유년기간에 그 사람의 건강상태가 좋지 않음을 나타낸다. 이 그림에서는 25세 무렵의 건강상태

가 나쁜 것을 나타낸다.

ⓒ 두뇌선 상의 섬은 정신적 스트레스나 노이로제에 걸리기 쉬운 것을 의미한다.

ⓒ 감정선 상의 섬은 일반적으로 심장이 나쁜 경우이나 그림과 같이 무명지의 바로 아래에 있는 경우는 백내장 등으로 눈이 나빠지고 있는 것을 나타낸다. 이 섬이 오른손에 있으면 왼쪽 눈, 왼손에 있으면 오른쪽 눈이 나쁘다. 건강선의 어디에서 섬이 나오는 가에 주의를 해야 한다.

(5) 손금으로 질병을 발견하는 법

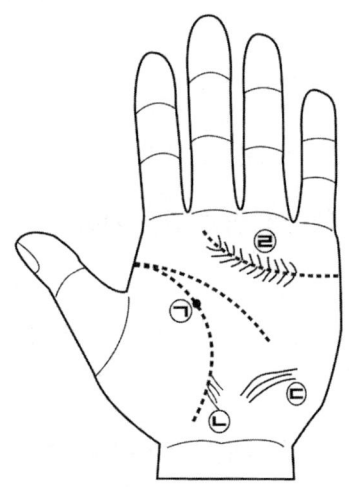

㉠ 생명선에 적색, 청색, 흑색 등의 반점이 있는 경우는 그 유년에 건강의 위험이 있다는 경고이다. ㉠의 경우는 25세 무렵이다. 이 반점은 급성 질병이나 이전부터 몸에 이상이 있던 부분이 급격히 악화되었을 때 나온다.

생명 자체에는 별 이상이 없지만 반점이 없어지지 않을 때에는 절제해서 빨리 없어지도록 해야 한다.

ⓒ 생명선 말미에 얇은 지선이 많이 나와 있는 경우는 몸이 쇠약하다는 것을 의미한다. 이 선들은 대체로 생명선의 60세 이후의 위치에 있는 경우가 대부분이다. 젊었을 때의 무절제한 생활에 의한 것으로, 이선을 발견하면 바로 규칙적인 생활을 해서 없어지도록 해야 한다.

ⓒ 엷은 선들이 조금 구부러지면서 들어오는 방종선은 불규칙한 생활이나 성생활의 무절제 등이 원인으로 체력이 소모되고 있는 것을 나타낸다. 이 방종선은 한두 줄밖에 없는 경우도 있기 때문에 간과하지 않도록 주의해야 한다.

ⓔ 지선이 많은 감정선 - 감수성이 예민하고 변덕스런 성격으로 심장계통이 약한 사람이 많다.

(6) 생명선의 굵기와 선명함에 따른 차이

인간에게 있어 가장 중요한 건강상태를 알 수 있는 것이 생명선이다.

㉠ 굵고 선명한 생명선은 강인한 육체를 가지고 있는 사람으로 다소 무리를 해도 체력 회복이 매우 빠른 건강한 사람이다.

ⓒ 얇고 흐린 생명선은 몸이 허약해 보이며 육체적으로 매우 민감한 사람이 많다. 이런 사람은 기력이 충실하지 못해 환절기마다 감기에 잘 걸리거나 위장이 약해 고생하는 등 허약체질이 많다. 또 생명선이 얇은 사람과

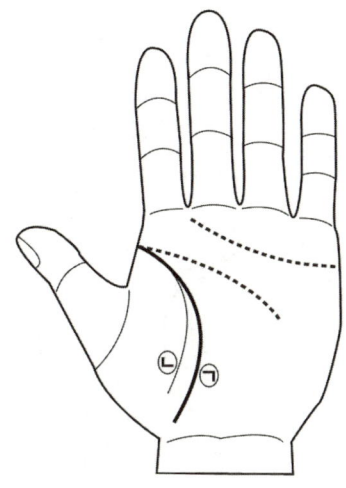

마찬가지로 생명선이 전체적으로 어지럽게 흩어져 있는 사람도 건강 체질이 아니다. 그리고 갑자기 생명선이 엷어지면 죽음이 직전에 왔다고 경고하는 메시지일 수 있다. 생명선의 선명함은 자연생명력과 깊은 관련이 있다.

(7) 생명선의 상태에 따른 체력의 강약

생명선의 굵기는 그 사람의 체력과 건강을 알 수 있는 일차적 중요 포인트이지만 뻗어나와 있는 상태도 매우 중요하다.

㉠ 크게 뻗어나온 생명선은 활력과 자신감이 넘치는 활동적인 사람이다. 남성의 경우라면 육체파의 사람에게 많이 보이는 손금이다. 여성도 자신감과 활력이 넘치는 남성적 스타일의 사람이다. 이런 손금은 주로 남성들에게 많다.

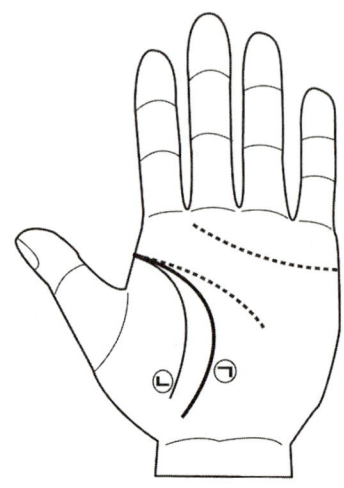

ⓒ 뻗어나오지 못하고 힘없이 약한 생명선은 위의 경우와는 반대로 무리하면 안 되는 약한 체질의 사람이다. 조금만 무리해도 병이 나고 기력도 약한 타입이다. 이런 사람은 병에 걸리면 원상회복하는 데 많은 시간이 걸린다. 천성적으로 약한 체질이기 때문에 평상시에 절제하고 건강에 신경을 써서 정기적으로 운동을 하는 등 항상 좋은 컨디션을 유지해나가는 노력이 필요하다.

(8) 이중생명선의 의미

㉠ 생명선이 이중으로 나와 있는 것을 이중생명선, 부생명선이라고 한다. 이 같은 손금은 외관상 허약체질 같아도 실제는 매우 건강한 사람으로 큰 병에 걸린다 해도 회복이 보통 사람의 두 배는 빠르며 강한 의지와 인내심을 가지고 있다. 현재 사람의 평균수명이 80세가 넘으므로 한 줄의 생명

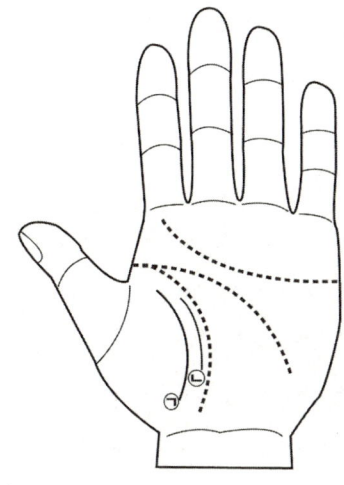

선으로도 80세까지는 무난히 살 수 있는데 한 줄의 생명선이 더 있으므로 그 사람의 생명력은 두 배 이상 강한 것이다. 철야를 하는 등 조금 무리해도 걱정 없는 체질로 인생의 거친 파도를 당당히 헤쳐나간다. 한 가지 걱정인 것은 이 손금의 사람은 자신의 체력을 너무 과신해 과음과식을 하거나 과로하는 등 건강에 신경을 쓰지 않아 오히려 몸을 망가뜨리는 일이 있을 수 있다는 점이다.

ⓛ 생명선의 2~3 mm 내에 달라붙듯이 뻗어 있는 부생명선은 이 선이 근접해 있는 기간(그림에서는 20세~60세 경) 동안의 건강한 체력을 나타낸다.

(9) 손의 찰색과 건강

사람에 따라 손의 색깔은 매우 다르며 신체적 컨디션이나 하는 일에 따라서도 변한다. 건강상태에 따라 얼굴 찰색이 변하는 것처럼 몸의 상태가 좋지 않을 때에는 손바닥의 색이나 윤기가 변한다. 그러므로 손바닥의 색을 잘 살펴보면 그 사람의 건강상태를 알 수 있다.

▶ 혈색이 좋은 핑크빛 손은 건강상태가 양호하고 성격도 활기차고 밝다.

▶ 청색은 주로 순환기 계통이 약한 사람이며 손바닥에 푸른 혈관이 눈에 많이 띄는 사람은 과식으로 장이 늘어나 피로한 사람이거나 설사나 변비를 반복하는 사람이 많다. 푸른 혈관이 나와 있다는 것은 대체적으로 장에 숙변이 쌓여 정맥이 부풀어 올라 있는 상태이다. 이런 사람도 장의 상태가 회복되면 푸른 혈관이 점차 없어지며 건강한 핑크빛의 손으로 돌아온다.

▶ 적색의 손은 혈기왕성한 활동가가 많은데 너무 붉으면 혈압이 높거나 심장이 약한 사람들이 많다

▶ 희고 창백한 손은 신경질적이고 무기력한 타입으로 생리 불순이거나 혈압이 낮은 사람이 많다.

▶ 누런 황색의 손은 무리하거나 과로하여 간장이 극도로 피로한 사람이다.

▶ 손바닥의 색은 몸 컨디션 상태에 따라 변한다. 그리고 손의 색깔에 따라 운기가 변화한다. 그러므로 항상 건강에 신경을 써서 밝고 혈색 좋은 손을 유지하도록 노력하자.

2. 손은 인체의 축소판이다.

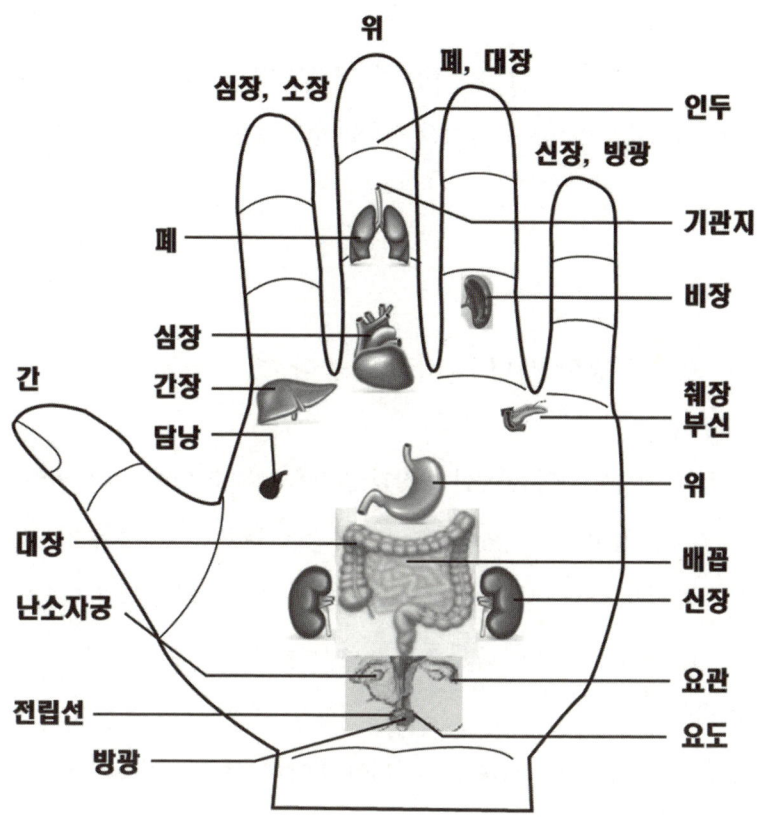

손바닥은 몸의 전면 복부이고 손등은 후면부에 해당된다. 중지는 몸의 중심이 되는 머리이며, 검지와 약지는 팔, 엄지와 소지는 다리에 해당되며 한 손이 몸 하나가 된다. 우측에 병이 있으면 왼쪽 손에 자극을 주고, 좌측에 병이 있으면 오른손을 자극을 주면 된다. 인체의 중심 부위의 질병은 왼손, 오른손의 중지를 동시에 사용한다.

   내장에 질병이 발생되면 유기적인 반사계를 따라 피부에 나타나고 손에서도 똑같은 부위에 강한 압통이 나타난다. 이 통증이 나타나는 곳을 압통점이라고 하며 몸의 아픈 곳을 직접 자극하는 것보다 압통점에 적당한 자극을 주는 것이 안전하며 효과 빠르게 병증이 해소된다. 가벼운 병은 즉효가 나타나지만 만성질환은 장기간 자극을 주는 것이 중요하다.

3. 손이 건강한 사람이 머리도 좋다

   손은 인체에서 가장 섬세한 동작과 감각을 가지고 있다. 손은 인류문명의 개척자인 동시에 산 증인이며 인간은 손을 통해 문화예술을 창조했다. 손에는 수많은 미세 혈류가 분포되어 있으며 모든 신체 조직과 연결된 신경을 이용해서 움직이며 또한 지식과 정보를 다루고 있는 인체의 중요한 부분이다.

   손은 특히 대뇌와 밀접하게 연관되어 있어 손 운동과 지각의 통솔은 대뇌에서 담당한다. 대뇌의 명령에 의해서 손은 움직이도록 되어 있으며, 손에서 받은 정보도 일방적으로 대뇌로만 보내지도록 되어 있다. 대뇌반구의 운동영역 중에서 손을 관장하는 부분은 전체의 1/2 이상이다. 그러므로 손 운동을 많이 하면 대뇌를 활성화시킬 수 있다. 젓가락을 잘 사용하면 머리가 좋다는 말과 상통하는 것이다. 손이 건강한 사람은 대뇌가 건강하고, 대뇌가 건강하면 신체가 건강하다. 그러므로 건강한 손은 가장 아름다운 손이라 할 수 있다.

4. 손이 따듯하면 건강하다.

피가 깨끗하면 혈액순환이 잘 되고 혈액순환이 잘 되면 신진대사가 원활해져 건강한 생활을 할 수 있다. 심장에서 뿜는 피가 멀리 떨어진 손끝까지 제대로 흐르면 손발이 따듯하다. 혈액순환이 안 되는 사람은 겨울철에 손발이 먼저 시리게 된다. 이때 손을 뒤로 젖히면서 비벼주게 되면 손이 따듯해진다. 손을 비벼 혈류를 개선하면 산소와 양분이 공급되어 생긴 에너지로 손이 따듯해지는 것이다. 피는 혈관을 돌면서 생명을 유지시킴과 동시에 호흡기능을 통해 산소를 공급하고 이산화탄소를 배출하면서 소화기관에서 흡수한 영양분을 각 기관으로 이송하기도 하고 노폐물의 배설작용도 한다. 또한 혈액의 역할은 면역력과 체온조절, 호르몬 운반, 산과 염기의 평형조절 등 신진대사의 근본이 된다.

아래와 같은 손을 지니면 건강지수가 높은 사람이며 아름다운 손을 지닌 사람이라고 할 수 있다.

- ▶ 손가락을 굽히고 펴는 데 자연스럽고 부드러워야 한다.
- ▶ 손목과 손가락의 관절이 부어오르거나 염증이 없어야 한다.
- ▶ 물건을 잡을 때 힘 있게 잡을 수 있는 근력이 있어야 한다.
- ▶ 손목을 자유자재로 회전하여 돌릴 수 있어야 한다.

- ▶ 손바닥의 색깔이 밝은 홍조를 띠어야 한다.
- ▶ 손등은 손바닥에 비해 약간 옅은 갈색이어야 한다.
- ▶ 손에 염증, 상처, 부종 등이 없어야 한다.
- ▶ 손이 뒤로 활처럼 잘 휘어질수록 몸도 유연하고 건강하다.
- ▶ 손바닥과 각 손가락의 끝의 지문이 선명할수록 좋다.
- ▶ 손톱에 세로줄 무늬가 없고 월륜이 적당히 있어야 한다.
- ▶ 손톱이 잘 부러지거나 뒤로 젖혀지거나 창백하면 안 좋다.
- ▶ 손가락의 길이가 전체적으로 균형을 이루는 손이 좋다. 어느 한 손가락이 지나치게 짧거나 휘어 있는 것은 좋지 않다.
- ▶ 따듯하고 뽀송하며 굳은살이 없고 부드러운 손이 건강하다.
- ▶ 손이 차면 혈액순환이 안 되는 것이므로 건강이 좋지 않다.
- ▶ 검푸르거나 창백하거나 붉거나 노란 손은 질병이 있다.

5. 손 마사지를 통한 건강관리법

손을 수시로 눌러주거나 문질러주면 혈액순환을 도와 몸이 건강해지므로 엄지와 검지를 이용해 손을 문지르듯 마사지하여 스스로 자신의 건강을 관리할 수 있다.

1) 손톱 양옆을 눌러준다.

엄지와 검지로 손톱 양옆을 꼭 누른다. 열 손가락을 모두 같은 방법으로

하고 특별히 더 아픈 부위를 시원한 느낌이 들 때까지 누른다. 목의 긴장을 풀어 뒷목이 편안해진다.

2) 손가락을 뒤로 젖혀준다.

손가락으로 반대편 손가락을 하나씩 뒤 쪽으로 젖힌다. 손가락에는 몸 전체의 모세혈관이 많이 분포되어 있어 혈액순환이 개선된다.

3) 손가락 사이를 눌러준다.

손가락 사이의 갈라진 부위를 반대편의 엄지와 검지로 꽉 집어 눌러준다. 임파선과 연결되어 있어 자주 해주면 감기 예방과 치료에 도움이 된다.

4) 손가락 전체를 젖혀준다.

손가락을 가지런히 붙여 반대편 손바닥을 대고 손등 쪽으로 서서히 밀어준다. 컴퓨터 앞에 오래 앉아 있을 때 해주면 눈과 목의 피로가 풀린다.

5) 양쪽 엄지를 주물러 준다.

엄지를 반대편 손가락 전체로 움켜잡고 꾹꾹 주무른다. 두통이 있을 때 하면 머리가 맑아진다.

6) 손목 바깥쪽을 눌러준다.

손목 가장자리의 움푹 들어간 곳을 수시로 눌러준다. 양쪽 모두 같은 방법으로 하고 특히 더 아픈 곳은 시간 날 때마다 꾹꾹 눌러준다. 생리통이나 허리통증 해소에 좋다.

7) 손바닥 중앙을 문질러준다.

손목 중앙 바로 위부터 손바닥 중앙까지 엄지로 밀듯이 문지른다. 소화가 잘 안 될 때 반복하면 도움이 된다.

8) 새끼손가락 가장자리를 위아래로 문질러준다.

새끼손가락의 가장자리를 엄지와 검지를 이용해 위 아래로 꾹꾹 눌러준다. 다리의 혈액순환에 도움이 된다.

9) 손등을 마사지해준다.

손등의 손가락 뼈 사이사이를 엄지로 밀어 누르면서 마사지를 하면 스트레스를 받거나 가슴이 답답할 때 도움이 된다.

10) 손바닥과 손가락의 경계선을 눌러준다.

손바닥과 손가락의 경계선을 반대편 엄지로 꼼꼼히 눌러서 마사지한다. 눈이 피곤하거나 귀에서 소리가 날 때 눌러주면 효과가 있다.

〈참고문헌〉

『다섯 손가락의 행복』, 베르너 티키 퀴스텐마허, 남기철 역, 이숲, 2013.
『사주심리와 인간경영』, 김배성, 도서출판 창해, 2006.
『손과 뇌』, 구보타 기소우, 고선윤 역, 바다출판사, 2014.
『손금과 수상의학』, 정수호, 우리출판사, 2010.
『손금을 봐드립니다』, 유화정, 도서출판 예가, 2005.
『손의 신비』, 존 네이피어, 이민아 역, 지호출판사, 1999.
『손이 지배하는 세상』, 마틴바인만, 박규호 역, 도서출판 해바라기, 2002.
『아름다운 창조의 손』, 이승구, 최신의학사, 2013.
『정통손금사전』, 사와이 타마조, 김욱송 역, 동학사, 2001.
『핑거북』, 존 T. 매닝, 이은숙 역, 고즈원, 2009.

손금과 적성

손으로 만나는 가능성

발행일 2015년 8월 21일 초판 1쇄

지은이 양성모, 김기승
펴낸이 방성열

펴낸곳 다산글방

등 록 제313-2003-00328호
주 소 서울특별시 마포구 동교로 36
전 화 02) 338-3630
팩 스 02) 338-3690
E-mail dasangulbang@paran.com

ISBN 978-89-94384-41-2 03150

ⓒ 양성모·김기승, 2015, Printed in Korea.

이 책은 저작권법에 따라 보호받는 저작물이므로 무단전재와 무단복제를 금하며,
이 책 내용의 일부 또는 전부를 이용하려면 반드시 저작권자와 다산글방의 서면동의를 받아야 합니다.

이 도서의 국립중앙도서관 출판예정도서목록(CIP)은 서지정보유통지원시스템 홈페이지(http://seoji.nl.go.kr)와 국가자료공동목록시스템(http://www.nl.go.kr/kolisnet)에서 이용하실 수 있습니다.(CIP제어번호: CIP2015021507)

* 잘못 만들어진 책은 구입하신 서점에서 교환해 드립니다.
* 책값은 뒤표지에 표시되어 있습니다.